ケーススタディで学ぶ
B2B×無形商材の
最強セールスプロセス

『売れる仕組み』のつくりかた

セールスプロセス株式会社
代表取締役
梶田洋平

はじめに
～良いものがしっかりと伝わるセールスプロセスを～

はじめまして。
セールスプロセス株式会社の梶田と申します。
この度は本書を手に取っていただき、ありがとうございます。
最初に、簡単に私の自己紹介をさせていただきます。

私は、某証券会社の社員として、社会人のスタートを切りました。証券会社では、富裕層や中小企業の社長に対して株式や債券を提案して買っていただくという営業職に従事しました。

今はどうかわかりませんが、当時証券会社の業界内では、現場の営業社員のことをソルジャー（兵隊）と呼んでいました。「数字が人格」という言葉がまかり通る、成果に厳しい社風でしたので、私はとにかく営業実績を上げることに注力する日々でした。

営業ノルマ未達の社員に対して容赦ない怒号が飛び交う職場環境の中で、私は少しずつ営業力を磨き、3年目には社長賞を受賞するトップセールスとなりました。

当時意識して取り組んでいたのは、

①質よりも量、とにかくアプローチ数を増やすこと

②商品やサービスではなく、それを買った未来を話すこと

の2つです。

①についてはイメージしやすいと思いますが、証券会社では架電件数が営業成績に直結します。

単純に言えば、「100件電話をかけろ」と指示されたときに200件かければいいのです。

ほとんどの社員は70〜80件程度、まじめな社員でも指示された100件の電話をかけ終わった段階で満足してしまうものです。

もちろん、セールストークなどを工夫することも必要ですが、興味がある

人にアプローチできるかどうかが大切で、その数を獲得するためには母数を増やすのが手っ取り早く、また結果として同僚よりも営業スキルの上達が早くなります。

②については、営業やマーケティングに関連する多くの本に書かれている通り、顧客が何を買いたがっているのかを想像して提案することが大切です。どんな商品なのかよりも、この商品を買うことで、いくらぐらいの利益が見込めるのか、その利益だと何ができそうかという明るい未来を話すのです。

それこそ、どんな商品かよくわかっていなくても、100万円が1年後に120万円になりそうと聞けば興味を持つ人はいるのではないでしょうか(甘い話には十分気を付けてください)。

私の周りには車や家電、住宅をはじめとした有形商材(※)の営業職に従事している人が多くいますが、有形商材の営業で成果を上げている人も概ねこの①、②と同様の考え方をしているものです。

証券会社の営業社員として自信をつけた私は別の仕事もしてみたいと考え、入社して4年半ほど経った段階で退社を決意しました。

そして、退社後に起業したのが、企業出版専門の出版社です。

「なんで出版社?」と不思議に思われるかもしれませんが、もともとビジネス書が好きだったことに加えて、証券会社退職後に縁あって株式投資に関する本を出版させていただくなど、出版に関連する仕事をしたことが大きく影響しています。

本を出版すると、周りの経営者や、その経営者に紹介された方から本の出版を手伝ってほしいという相談が増えていきます。

「名刺代わりの本をつくりたい」

「原稿執筆を代行してもらいたい」

「ブランディングにつながる出版企画を考えてもらいたい」

といったような相談に応えているうちに、経営者の出版プロデュースが事業として確立していきました。


その後、出版をお手伝いさせていただいた経営者から新しい経営者を紹介いただき、さらに別の経営者へ…と少しずつ実績を積んでいきました。

「これは、多くの人が欲しがっているサービスに違いない」と考えた私は営業活動に力を入れ、さらに社員を採用して事業を拡大していこうと考えました。

ところが、営業活動に力を入れてもなかなか事業は伸びていきません。

紹介を少しずつもらえていたため、なんとか食いつなぐことはできるのですが、営業に力を入れて企業出版サービスを提案してもなかなか売れないのです。

社員も一生懸命働いてくれ、私もアプローチ数を増やして取り組むのですが、なかなか成果が出ない日々が続きました。

この頃は、テレアポやＦＡＸＤＭ、郵送ＤＭなどのプッシュ型（※）の営業に加えて、ウェブ広告や新聞広告、コンテンツマーケティングなど、プル型（※）の営業活動のトライアンドエラーも繰り返しました。

ただ、どちらの営業方法であっても、あまり成果が出ず、アプローチ数を確保して、商談数を増やすことができても、成約にはなかなか到達しない日々が続きました。

どのような営業方法でもなかなか成果を上げることができなかったのはなぜでしょうか。

これは、一つには無形商材の営業の難しさが関係していると考えています。

私たちが扱っていた企業出版サービスは、コンサルティング型のサービスであり、無形商材に分類することができます。

単純に本を出版することを提案しているのではなく、本を出版して活用することによって何かしらの経営課題の解決を狙うサービスなのです。

ただ、言葉で説明すると簡単に聞こえるかもしれませんが、説明された側のクライアントがそのサービス購入後の効果をイメージすることは簡単ではありません。

金融商品や有形商材であれば、購入後に何を期待できるのかが明確にイメージしやすいため購入の可否の決断はしやすいものです。

金融商品であれば儲かりそうな利益とその利益をどのように使うかを想像してもらえますし、有形商材であればその商品を使った未来を想像してもらいやすいですよね。

でも、無形商材はそもそも購入後のハッピーな未来を想像してもらうことが大変なのです。

このことに気づいた私は、その後、セールスプロセスと営業ツールの最適化に取り組みました。

サービス購入後の未来をイメージしてもらうためには、ただ商談を重ねるだけでは足りません。

動画をつくって商談前に視聴してもらったり、本をつくってどのような経営課題を解決できるのか、そしてその根拠、またサービス購入後にどのような効果があるのかを伝えられるように工夫しました。

セールスプロセスと営業ツールの最適化による効果は絶大で、その後も数年間に渡るトライアンドエラーを繰り返し、下記のような成果を得ることができました。

☑ 営業社員の力量による差が小さくなる
☑ これまでの社員で売上をアップできる
☑ ＫＰＩが明確になり、数字で会話ができるようになる
☑ 商談が効率的になり、成約率がアップする

☑ コンサルティングをはじめとした、クライアントのための業務に集中できる

☑ 社員満足度向上につながる

☑ ブランディングによって単価アップが実現する

☑ 収益が安定する

☑ 採用でさらに成長に弾みをつけることができる

その後、自社のノウハウを基に、無形商材を扱うB2B事業者様を対象にしたセールスプロセス構築と営業ツール制作サービスを提供したところ、クライアント企業にも目に見える売上アップの効果が見られました。

セールスプロセスと営業ツールの最適化は、現状のやり方を大きく変えるものではなく、地道で改善を重ねていくことなので、一見インパクトがなさそうと思われるかもしれません。ですが、小さな改善の積み重ねが最終的に

大きな成果の差につながったのです。

本書は、私たちが苦労して会得してきたB2B×無形商材を効率的に販売するための方法はもちろん、他クライアントの支援を通じて培ってきた経験から得たノウハウも存分に掲載しています。

営業社員による売上差を減らし、再現性の高い安定した成長が実現できれば、経営者は未来に向けた業務に集中して取り組むことができるようになります。

本書が貴社の明るい未来の実現に貢献できることを心より願っております。

是非、最後までお付き合いくださいませ。

2024年12月　セールスプロセス株式会社代表取締役　梶田洋平

※有形商材とは

有形商材とは、その名の通り、物理的なモノとして認識されるような商材のことを指します。衣料品や車、不動産といったものが有形商材に該当します。見たり触ったりすることができるため、顧客が理解しやすく反応がわかりやすいという特徴があります。

※無形商材とは

無形商材は有形商材とは違い、物理的に手に取って触ることができない商材のことを指します。情報やコンサルティング、人材紹介といったサービスが一般的で、目に見えるわけではないため、商品やサービスの魅力が伝えづらいという特徴があります。

※プッシュ型・プル型の営業とは

プッシュ型の営業は企業側が見込み客を選定して直接アプローチする営業方法のことを指します。テレアポやDM、飛び込み営業など、企業側が能動的に接触を試みる点が特徴です。

一方のプル型の営業は、見込み客側から問い合わせや資料請求をもらうことを狙った営業方法のことを指します。

コンテンツマーケティングによってウェブ上から問い合わせをもらったり、ウェブ広告を運用して見込み客を獲得するといった方法があります。

プッシュ型とプル型の営業のメリット・デメリットについてはP74でも詳しく紹介しております。

目　次

CONTENTS

CONTENTS

CHAPTER 第1章

なぜB2B×無形商材の営業は難しいのか

本書はＢ２Ｂ×無形商材のセールスプロセス構築と営業ツール制作に焦点を当て、効率的な営業方法について解説することを目的としていますが、効率的な営業方法を理解するためには、まずはなぜ非効率になってしまうことが多いのか、そしてＢ２Ｂ×無形商材の商材としての特徴についてを理解することが必要不可欠であると考えています。

第１章では、Ｂ２Ｂ×無形商材の特徴となぜセールスプロセスを効率化する必要があるのかについて見ていきましょう。

中小企業が目指すべき高付加価値経営

本書ではコンサルティングサービスやシステムの受託開発、ホームページ制作など、Ｂ２Ｂ×無形商材を扱う中小企業を前提に話を進めていきます。

これらの事業は労働集約型であるために属人性が高く、スケール（拡大）しづらいモデルであり、大手企業が参入してこない程度の市場規模であることも多いです。

ただ、大手企業が参入してくることが多くなかったとしても、中小企業は日々ライバルとの熾烈な競争にさらされていることでしょう。

では、市場規模が大きくない中で、様々な中小企業が参入してきていて既にレッドオーシャンとなっている状況においては、どのような戦い方がセオリーなのでしょうか。

まずは王道の戦い方をおさらいしておきましょう。

①価格で勝負しない

Ｂ２Ｂ×無形商材を扱う中小企業が、低価格であることを武器にして勝負することは危険です。

短期的に収益を上げることができたとしても、低価格勝負は基本的に資金力のある企業が勝ちやすく、仮に一時的に収益を上げることができたとしても、他のライバル企業がもっと安くサービスを提供すれば、シェアは瞬く間に奪われてしまうことでしょう。

また、低価格勝負をするとなると、売上を拡大するためには薄利多売の戦略となります。利益が少なければ、新たな投資のためにお金を使いづらくなり、結果として人件費などをできる限り削りながら経営していく必要性が出てきます。

労働集約型のビジネスモデルにおいては、一人の退職がもたらす影響は大きいものです。

代わりとなる人材の採用や教育にも費用がかかることを考えると、やはり低価格で勝負することは避けた方が賢明と言えます。

②サービスを絞る

事業活動においてクライアントの声に応えることは大切です。

でも、クライアントに求められるがままにサービスを拡充していくと、いつの間にか〝儲からないのに忙しい〟という状況になってしまう可能性があります。

本書はＢ２Ｂ×無形商材を前提として話を進めていますが、わかりやすく説明するために今回はＢ２Ｃのモデルで考えてみます。

最初はラーメンだけを提供するお店だったのに、いつの間にかチャーハンや餃子も扱うようになるというのはよくある話だと思います。

さらにはつけ麺や食後のデザートまで扱いだし、最終的には居酒屋的に使ってもらおうと考えて夜の時間帯におつまみなども充実させるといったように、徐々にメニューを増やしていくとどうなるでしょうか？

確かに一時的な客単価の上昇は期待できるかもしれませんが、滞在時間が伸びて、客単価の上昇を吸収してしまうほどに客数が減少してしまう可能性もあります。

また、オペレーションはいかがでしょうか？

ラーメンをつくることだけに絞れば、その工程は複雑ではないかもしれませんが、メニューが増えることによって様々な工程が発生するようになります。

メニューを増やすことによって廃棄しなければならない食材が増える可能性もありますし、そもそも居酒屋を目的とするのであれば最初からこのお店を選ばない可能性が高いです。

サービスを絞るには勇気が必要ですが、選ばれやすくするためには意識しておかなければいけません。

③強みを絞る（ターゲットを絞る）

例えば、ホームページ制作会社において、「どんなホームページでもつくります」と言われた場合と「採用ページ専門の制作会社です」と言われた場合はどちらを選ぶでしょうか？

一般的なホームページをつくろうと考えていた場合は、このホームページ制作会社と他のホームページ制作会社を比べるかもしれません。

でも、あなたが採用ページをつくろうと考えていた場合は、他よりもこの会社を優先して検討するのではないでしょうか。

強みを絞ることは、中小企業が戦うための王道の考え方です。

注意点としては、企業側が考えている強みと、クライアント側が考えている強みが異なっているケースが意外に多いということです。

自社ではデザイン性が強みだと考えていたとしても、実はコミュニケーションの円滑さやスピード対応が決め手になっているケースもあるかもしれません。

自社の強みがクライアントの考えている強みとギャップがあることが心配であれば、直接クライアントに聞いてみるのも一手です。

強みを絞りこんで打ち出すと、ターゲットが減ってしまうのではないかと心配するかもしれません。

実際、私の経営する企業出版の会社が、「売上アップを実現するための企業出版」という強みを打ち出したときには、ブランディング目的のクライアントから選ばれなくなるのではないかという心配がありました。

でも、クライアントへのヒアリングを実施すると、事業を成長させるため（売上をアップさせるため）に企業出版に取り組みたいという声を多数いただいていたので、このキャッチフレーズを発信し、結果として売上は大きく伸長しました。

中小企業の戦い方のセオリーとして紹介した、上記①〜③を一言でまとめると「単価アップ（高付加価値）を実現しつつ、業務を効率化する」ということになります。

強みを打ち出して、ターゲットを減らすことによって、特定のサービスにおけるプレゼンスが向上します。

そうすることによってノウハウが貯まりやすくなり、さらに効率的に業務をこなすことができるようになるのです。

一方、資金力で勝負する大手企業は、それなりの市場規模がなければ参入しづらいものです。

例えば、1億円儲かる市場があるとしても、たくさんの社員に給料を払っていかなければならないことを考えれば、その市場への参入はナンセンスであることが想像できるはずです。

もし①〜③で抜けているものがあれば、是非改善を検討してみるとよいでしょう。

B2B×無形商材のビジネスモデルの特徴

次にB2B×無形商材のビジネスモデルの特徴を確認していきます。

中小企業の戦い方のセオリー同様、既に知っている知識も多いかもしれませんが、改めて整理していきましょう。

特徴① 営業による販売がしづらい

B2B×無形商材は営業による販売が難しいという特徴があります。
原因としては以下のようなものが考えられます。

・購入後のメリットがわかりにくい

有形商材については、見たり触れたりしている過程で購入後にどのようなメリットを享受できるのかが比較的わかりやすいですが、無形商材は、購入後のメリットがわかりにくいものです。

そのため、購入後のメリットを懇切丁寧に説明してイメージしてもらう必要があります。

・「解決したい課題」と「どうすれば解決できるか」が明確になっていない

経営者は会社を成長させたいと考えているものです。

でも、どうやったら会社を成長させられるのか、そしてそのためにはどのような課題を解決する必要があるのかを理解できていないケースがあります。

採用なのか、社員教育なのか、営業方法なのか、マーケティングなのか、業務フローなのか…と色々な経営課題がある中で、どの経営課題の解決を優先して取り組めばよいのか、そしてその課題解決のための方法として自社がどのようなサービスを提供できるのかを理解してもらう必要があります。

・キーマンにつながらない

是非取引したいと考えている会社との商談が実現したとしても、実は商談の担当者が決定権のない社員で、なかなかキーマンにつながらないという経験はないでしょうか？

私はあります。

せっかく商談が進んでも、意思決定までに時間がかかったり、いつになったらキーマンにたどり着けるのかがわからないという経験がある方も多いでしょう。

せっかくキーマンとの面談までたどり着いても、そのキーマンには情報がうまく伝わっていないといった事態もよく起こります。

これらは、Ｂ２Ｂ×無形商材を扱っているのであれば、きっとどれも「あるある話だね」と感じていただけるのではないでしょうか。

特徴② 高額になりやすい（ＬＴＶ［※］がわかりにくい）

高額になりやすいというのもＢ２Ｂ×無形商材の特徴として挙げられます。

特に、月額制のコンサルティングの場合、例えば月額50万円のサービスをお試し３か月で始めて、その後２年間（24か月）契約を続けたなら、トータル費用は１２００万円となります。

Ｂ２ＢはＢ２Ｃに比べると高額になりやすく、正直、最終的にいくらかかるのかわからないといった事態が起きかねません。

特徴①で紹介した売りづらさも、費用面での不安が大きいとも考えられます。

特徴③　分業が難しい

B2B×無形商材は販売する人と、実際にサービスを提供する人が分かれているケースも多いと思います。

営業と制作という単純な分け方の場合もあれば、さらに細かくマーケティング↓インサイドセールス↓フィールドセールス↓制作（サービス提供）といったように、最初に見込み客に接触する人から最終的にサービスを提供する人までに、担当者が次々と入れ替わるようなセールスプロセスを採用している企業も少なくありません。

分業によって専門性を強くすることは効率的ですが、インサイドセールスがサービス導入後の事例を話すことができればさらに効率的に興味を引き出すことができたかもしれません。
分業が進めば進むほど、セールスプロセスが分断しやすいという弊害があり、サービス購入の不安につながる可能性が否定できません。

このように、Ｂ２Ｂ×無形商材のビジネスモデルは、そのサービスの性質上、購入を決断してもらうことが簡単ではありません。

でも、売上こそまだ小さくても、非常に有用性が高く役立つサービスはたくさんありますし、オーダーメイドで丁寧なサービスを満足度高く提供したいと考えるあまり、価格を安くしすぎてしまっていたり、そもそも販売することが疎かになってしまっているケースは少なくないはずです。

本書は、クライアントの満足度の高い良質なサービスが、しっかりと伝わって、選んでもらいやすくなるためのセールスプロセスと営業ツールのつくり方を指南する本です。

是非、本書を徹底的に活用して、販売しづらいという特徴を持つB2B×無形商材の営業に力を入れていきましょう。

※LTVとは

LTVとは、顧客生涯価値を意味するLife Time Value（ライフタイムバリュー）の略称で、顧客が生涯で使う金額の合計額のことを指します。

一度きりの取引であればその取引の金額のみで終わりますが、サブスク型や月額顧問契約のビジネスモデルの場合は、継続することによって最終的に非常に大きなLTVを実現する ことが多く、昨今、重要視されている考え方です。

【B2B×無形商材】成長の好循環を構成する3要素

事業内容に合わせてセールスプロセスと営業ツールを最適化することができれば、顧客獲得にかける時間をクライアントのために割くことができるようになります。

そうするとどうなるでしょうか。

よりサービスが充実することになってクライアントの満足度向上にもつながりますし、加えて社員の働きやすさにもつながっていくことでしょう。

かつては良いモノや良いサービスをつくれば売れるという考え方が主流であったかもしれません。

しかし、情報過多の昨今においては、良いモノや良いサービスであるかどうかが伝わりづらくなってしまっています。
また、粗悪なモノやサービスが増え、それらを販売する業者がマーケティングのノウハウや営業力を持っていることによって、痛い目にあったクライアントも増えています。
そのため、現代においてはクライアントの目が厳しいものになってきているという現実を忘れてはいけません。

そこで考えるべきは、良質なサービスの提供↓単価アップ↓販売の効率化という好循環を回していくことです。

この3つの要素を見ると、どれも簡単ではないように感じるかもしれませんが、実はそれぞれが密接に関わっていて、同時に目指すからこそ実現できるものであると私は考えています。

①良質なサービスの提供

例えば、良質なサービスの提供だけを目指すとどうなるでしょうか？

特定のクライアントへのサービスに集中するあまり、収益を少数のクライアントに依存することになれば、そのクライアントの発言力が大きくなり、結果として値下げ交渉や無理難題な要求が増えてきてしまう可能性もあります。

良質なサービスを提供することは大切ですが、それは十分な収益基盤と社内のリソースに余裕があってこそ実現するものであることは忘れてはいけません。

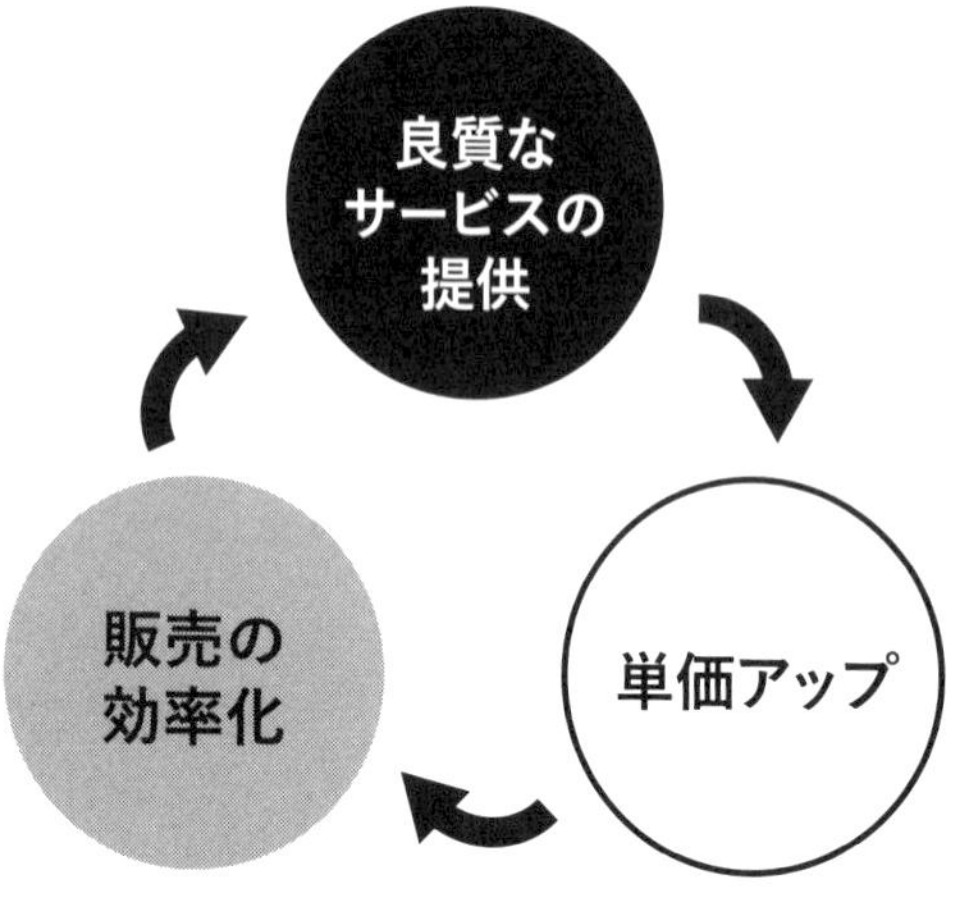

②単価アップ

次に単価アップだけを目指すとどうなるでしょうか？

収益の基盤があれば、採用によって人員を確保することができますし、マーケティングや営業にかけられる予算が増えて販売の効率化につながる可能性もあります。

Ｐ23で高付加価値の経営を目指すことをおすすめしましたが、単価をアップすることは中小企業の安定と成長のために必要不可欠と言えます。

これは、原価と利益の構造からも説

明ができます。

例えば１００万円の商品があって原価に70万円かかっているとすれば、１つ売れるごとに30万円の利益が得られることになります。

この商品を25％値上げするとどうなるでしょう。

購入する側からすれば25％の値上げですが、原価は変わりませんので利益は１２５万円－70万円で55万円となり、30万円から実に80％以上のアップになります。

単価アップは先ほど紹介した「良質なサービスの提供」に加えて「販売の効率化」にも好影響をもたらすため、是非真剣に考えたい項目と言えます。

とはいえ、単価アップを実現するのは簡単ではありませんし、ただ単価だけアップさせるとクライアントに選ばれにくくなってしまい、コンペで負けてしまうようになるかもしれません。

そこで、例えば、専門性を打ち出して『●●といえば○○の会社』という状態を目指すブランディングに力を入れたり、サービスを充実させたプレミアムプランを用意するといった工夫をしてみてはいかがでしょうか。

また、いきなり値上げするのではなく、過去の商談で見積書などの価格を見て即断即決いただいたクライアントがどれくらいいるのかといったことも検討材料にするとよいでしょう。

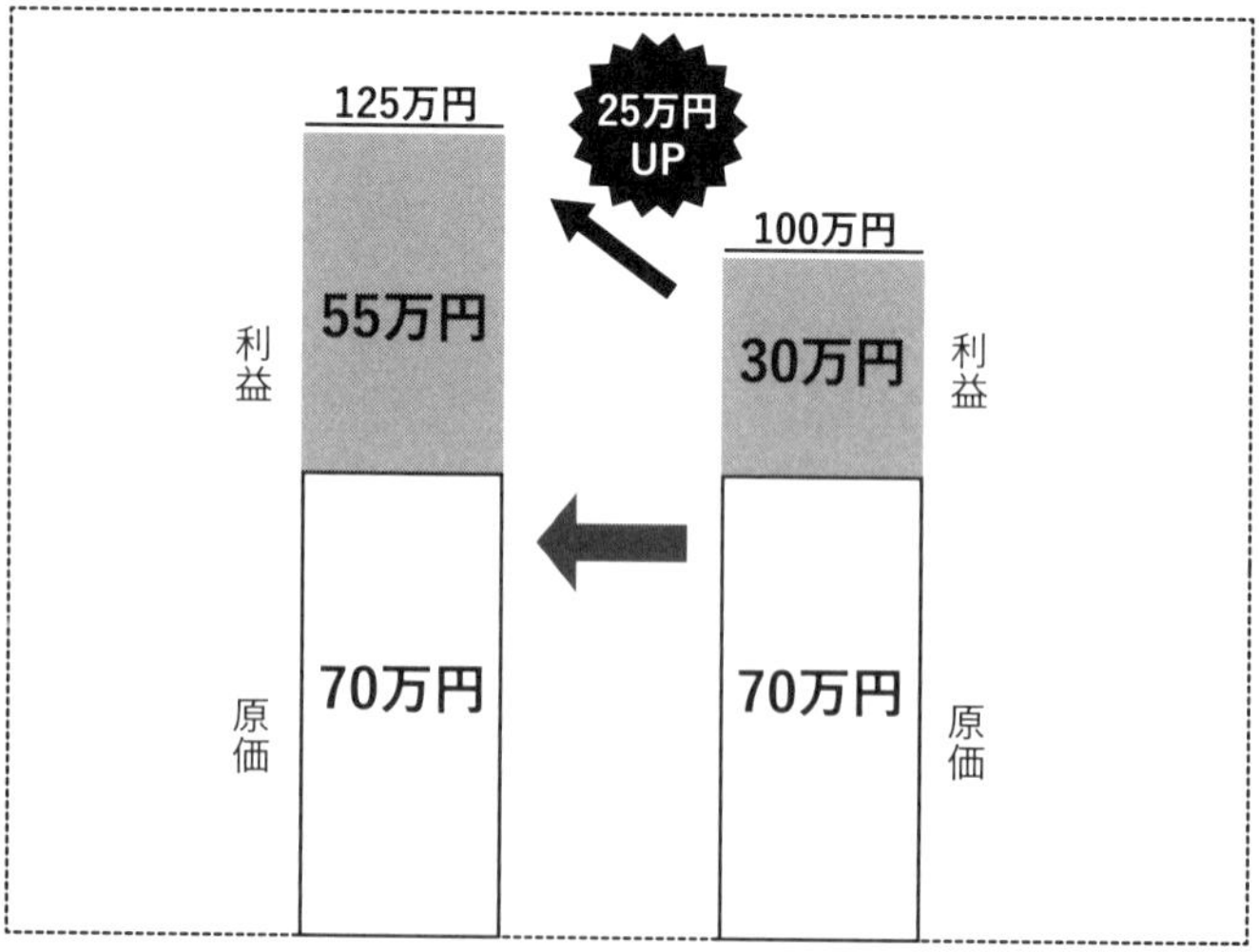

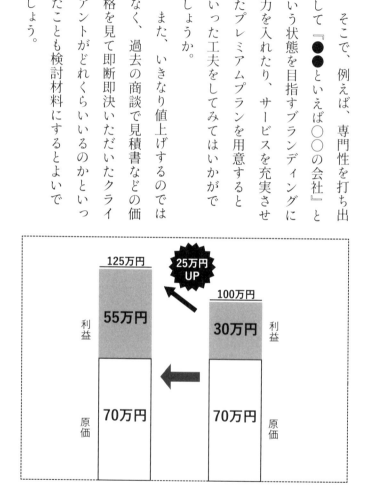

価格交渉があるなど即断即決が少ない場合には、単価アップをすると新規顧客獲得が難しくなる可能性があります。

一方で即断即決が多い場合には、もう少しサービスの価格が高くても販売できた可能性があるかもしれません。

③販売の効率化

最後に販売の効率化だけを目指すとどうなるかについても考えてみてください。

セールスプロセスと営業ツールの最適化は是非取り組んでいただきたいことではあるのですが、この要素だけに取り組み続けることは危険です。

というのも、利益の得られるモデルになっていない状態であれば、ボランティアになってしまいますし、サービスのクオリティが十分でない状態では悪い評判として広まってしまう危険性があるためです。

まずは、①良質なサービスの提供と②単価アップによって、販売できれば儲かる状態をつくり、その後に③販売の効率化によって、成長を実現していきましょう。

以上のように、「良質なサービスの提供」「単価アップ」「販売の効率化」はどれも欠かせない要素であり、密接に関係しています。

どれか1つだけに取り組むのではなく、この3つを俯瞰しながら改善していくことが大切なのです。

実は営業が苦手な企業が多いB2B×無形商材

商品やサービスが黙っていても勝手に売れていくのであれば、それほど簡単な話はありません。

次から次へと申し込みや注文が入り、あとはその申し込みや注文への対応やサービス提供を繰り返して、その後もリピート利用していただけるのであれば営業活動が必要のない状態と言えるでしょう。

でも、実際はそこまで簡単ではなく、コンサルティング企業の倒産数の増加がニュースになったように、経営のアドバイスをする企業の経営がうまくいっていないという笑えない事態も発生しています。

コンサルティング企業の倒産については、戦略策定能力はあるが実行力がないなど様々な原因が予想できますが、私は新規顧客を獲得することが苦手な企業が多いことが大きな原因の一つであると考えています。

そもそもコンサルティング企業はクライアント企業の経営課題を解決することを仕事としていて、顧客を獲得することを得意としているわけではありません。

また、所属しているコンサルタントも、人事や財務、戦略策定のスペシャリストであり、既に契約を結んでいるクライアントに対してサービスを提供することについては実力を発揮しやすいかもしれませんが、新規顧客の獲得については別の部署が担当していたりします。

また、コンサルティング企業の経営者や、所属するコンサルタントは、キャリアの中で、新規顧客の契約獲得よりも長年契約を続けているクライアントを担当してきたケースが少なくありません。

誤解のないように言いますが、経営課題解決のための能力は十分にあるコンサルタントが多いのもまた事実だと感じています。

財務のコンサルタントであれば、過去数年間に渡る財務諸表から無駄を洗い出したり、また、新しい手法や助成金、補助金などの支援策の活用や銀行との交渉によって財務を立て直すことができるスペシャリストもいます。

人材に関するコンサルティング事業を生業とする企業であれば、会社の資源である人材を最大限に生かし、企業の悩みを解決するための人事評価制度を策定したり、研修を行って組織のベクトルを合わせて成長につなげていくことに長けているケースもあります。

実際、私の企業出版の会社のクライアントにはコンサルティング企業が多いのですが、その専門性や経験、知見、ノウハウにはいつも驚かされています。

同時に営業が得意ではないケースもまた多いと感じています。

経営者から話を聞いていても、最初はその会社がどのようなことが実現できるのか、なぜ実現できるのかが少しわかりにくいことが多く、話が進んで実際の事例を紹介してもらったり、ノウハウを聞くことによって初めてそのコンサルティング企業が提供している価値を理解することも少なくありません。

それに加えて、コロナ禍によって営業の様式が変化しました。

これまでは、雑談のついでに新しいクライアントを紹介してもらったり、話をしながら新しいニーズを引き出して仕事を獲得していた企業も、ウェブ商談で営業をしなければならなくなり、成約率に大きな影響が出たはずです。

余談ですが、今後もコロナ禍のような未曽有の事態が発生する可能性は高いと言えます。

歴史を振り返ってみても、

２０００年　ＩＴバブル崩壊
２００１年　米同時多発テロ
２００８年　サブプライムローン問題からのリーマンショック
２０１１年　東日本大震災
２０１６年　チャイナショック
２０２０年　コロナショック

といったように、●●ショックと呼ばれる事態に代表されるような、予期していない経済のドローダウンは何度も起こっています。

そして、こういった予期しない事態が起こったときには、既存のクライアントも大切ですが、新規顧客を開拓できるということが武器になります。

また、予期しない事態が起こらないとしても、コンサルティング企業をはじめとするB2B×無形商材のビジネスモデルを採用している企業は営業を苦手としていることが多いため、営業力を大きな武器とすることができます。

是非、本書を活用して新規顧客の開拓が得意なB2B×無形商材を扱う企業へと歩みを進めていってください。

CHAPTER 第2章

効率的な
セールスプロセス構築の
すすめ

あなたの会社では新規顧客への営業をどのように行っていますか？

テレアポでアポを獲得して商談を重ねていきますか？

セミナーを開催して、参加者を商談に誘導し、その後複数回の商談を経て成約を目指しますか？

どの方法であっても、新規顧客を開拓できているのであれば問題はないかもしれません。

でも、営業社員によって手法や成果に差があったり、再現性がなく行き当たりばったりのように感じているのであれば改善できる可能性があるはずです。

テレアポ代行会社や営業代行会社の活用について

Ｂ２Ｂ×無形商材はそもそも明確なニーズがない状態から商談をスタートすることが多く、営業活動を通じてニーズを引き出さなければいけません。

ただ、Ｂ２Ｂ×無形商材の新規開拓のセールスプロセスを見ていると、苦手である営業を効率化するためにテレアポ代行会社を使って商談を獲得するものの、商談のクオリティが低くて成果を上げられていなかったり、場合によっては営業活動のすべてを営業代行会社に依頼しているケースもあります。

もちろん、こうした方法が悪いわけではありませんし、うまく活用することによって顧客獲得にはつながるでしょうが、そもそも理解してもらうことが難しい商材であるため、営業を代行する会社には、相応のスキルが必要となることが少なくありません。テレアポ代行会社はアルバイトの人が架電していることもあって、商談の「質」という意味においてはあまりよくないと感じている人が多いのではないのでしょうか。商談を獲得できたとしても商材との相性がよくなければ、なかなか成約にはつながらないものです。

私の企業出版の会社でも以前、テレアポ代行会社や営業代行会社を活用して商談を獲得していたことがあります。

テレアポ代行会社に商談獲得を依頼していた際は、商談の機会は獲得するものの、そもそも見込み客がどのようなサービスなのかを全く理解しておらず、理解した瞬間にそれなら興味ありませんと商談を終えられてしまうことがよくありました。

また、逆営業という言葉が適切かはわかりませんが、商談の度に見込み客からの提案営業をいただくことも多かったです。

商談のクオリティーを高める施策として私の会社ではその後、商談獲得後に動画やノウハウをまとめた本を送ることで、商談前に興味やニーズを高める工夫をしました。

あらかじめ動画や本を送ることによって、逆に商談が見送られてしまうケースもありましたが、毎回の商談のクオリティーを上げることができるようになり、結果として成約率が大きく改善しました。

商談数が減ることはマイナスに感じるかもしれませんが、お互いにとって無駄な時間を減らすことは有意義で、業務効率化にもつながります。

以上のように、テレアポで商談を獲得することはよいのですが、商談のクオリティーを高めるための工夫は必要不可欠と言えるでしょう。

また、テレアポによる商談獲得から商談実施までの全営業過程を任せられる営業代行会社を利用した例も紹介します。

全過程を任せることができるので高額な費用がかかりましたが、日本を代表する営業に強い会社の出身者が中心となって起ち上げた営業代行会社だったこともあって、期待して仕事を依頼したことを覚えています。

実際、かなり熱心に商品についてヒアリングを実施して理解を深めていただき、その上で営業活動を実施してくれました。

でも、半年間利用しましたが、結論としては一件も成約には至りませんでした。

商談を多数獲得し、その後再商談を重ねていくケースもあったので、その営業代行会社のクオリティが著しく悪いというわけではなかったと思います。ただ、Ｂ２Ｂ×無形商材の場合は、実際にサービスを提供している社員だからこそ、商談時に似たような事例を紹介したり、臨機応変に提案内容を変更するといった工夫ができるものです。

そういった即時性や対応力を評価いただいて商談が進むことが多いことに加えて、営業代行会社も売りやすく成果の上がりやすい会社の仕事に力を割く傾向にあります。

リピート率などを考えればこれは仕方のないことで、最終的には営業代行会社からも、あまりお役に立てないという旨の言葉をいただき、取引を終えることになりました。

営業代行会社を使うことは悪いことではありませんし、むしろ、限られたリソースで効率的に新規顧客を獲得するためには、営業活動を部分的に外注するという考えは大切だと思います。

ただ、

・一部の業務を任せきるという考えではなく、セールスプロセスを俯瞰的に見て業務内容や進捗をしっかりと把握しておくこと
・商談はできる限り自社の社員が実施すること

といった注意点を守ることを忘れてはいけません。

売るのが難しいB2B×無形商材を販売するためには、創意工夫と改善の連続が必要です。

結局行き着くのは商談が多すぎるセールスプロセス

あなたの会社では、初めての商談から成約までに何回商談を重ねますか？

２回で決まることが多いでしょうか？

それとも５回以上の商談を重ねることが多いでしょうか？

もし２回くらいで決断をいただけることが多いのであれば、セールスプロセスを工夫する必要性は高くなく、理解しやすく購入しやすい商材と言えるでしょう。

この場合は、

・アポ数を増やす施策に注力すること

・単価をアップさせること

で大きな収益改善につながる可能性が高いはずです。

でも、5回以上の商談を重ねることが多いのであれば、セールスプロセスや営業ツールを改善することによって成約までの商談数を減らすことができる可能性があります。

商談数が多いことは必ずしも悪いことではありませんが、あまりにたくさんの商談を重ねた上で断られると営業社員のダメージは大きいですし、そもそも営業社員の力量差が成果に直結しやすいセールスプロセスとなっている可能性があります。

この場合は、事前のナーチャリング（※）をしっかりと実施したり、あらかじめ見込み客が購入後のイメージを膨らませられるような工夫をするべきです。

これは、あなたがサービスを提案されて購入するときの場合を考えてみていただけるとわかりやすいと思います。

あらかじめ必要性を感じてサービスを探している場合は別として、提案を受けてサービスを購入する際は、最初に簡単なサービス紹介やそのサービスの導入事例を知るところから始まるのではないでしょうか。

簡単な説明を受けたときに、あなたの頭に

「あ、それだったらうちの会社なら〜〜のように使えば利用価値があるかも」

という状態になったら成約の可能性が一気に高まります。

この状態になった上で商談すると、あなたはいつの間にか、

「うちだったらこうやって利用しようと思うのですが……」

と質問しながら商談を進めることになるのではないでしょうか。


私も過去に動画制作サービスを提供する会社から提案を受けて、インタビュー動画をつくったことがあります。

正直、最初に提案を受けるまでは動画制作に興味があったわけではありませんでした。


でも、商談前にいくつかの事例が掲載されている冊子をいただき、それを見ていくうちに、

「うちだったら私が事業にかける想いを話している動画をつくれば採用に活かせるかも」

と考えるようになっていました。

その後の商談の際には、

「採用で使うならどんなことを話せばいいですか？」

と具体的な質問をしたりして、最終的に購入に至ったという経緯でした。

この動画制作サービスを提供する会社は、商談前に事前に情報をくれたことによって、見込み客である私に色々なアイディアを考えさせることに成功したわけですが、Ｂ２Ｂ×無形商材のセールスプロセスではこういった工夫をすることで商談のクオリティが大きく変わります。

もちろん、商談を積み重ねて少しずつ興味やニーズを引き出していくことはできますし、多くのＢ２Ｂ×無形商材を扱う企業は商談を重ねる方法で販売しているものです。

でも、商談数が多いセールスプロセスは、どうしても営業社員のスキルの差が出やすく非効率になりやすいということを理解しておきましょう。

※ナーチャリングとは

マーケティングにおいて、ナーチャリングとは「顧客育成」を意味します。主としてメルマガやDMなどを通じて顧客を「育成」することによって興味を引き出し、購入意欲をつくり出すことを意味しています。購入後のメリットが比較的わかりやすい有形商材よりも、コンサルティングやマーケティング支援のサービスなど、購入後のメリットが伝わりにくい無形商材を提供する企業が取り組む施策として定着しています。

商談以外の接触を増やしたセールスプロセスを考えよう

商談前に情報を伝えることによって毎回の商談のクオリティーを上げる工夫について紹介しましたが、商談前に情報を伝えるメリットはそれだけではありません。

それは、接触回数を増やすことで、見込み客との信頼関係を構築できるというメリットです。

ザイオンス効果という言葉を知っているでしょうか？

ザイオンス効果とは日本語では単純接触効果と呼ばれ、何度も繰り返し接触することで印象や好感度が高まっていき、興味や関心の度合いが高まるという効果のことを指します。

同じ商品を買う場合であっても、過去に何度か話を聞いた人から買いたくなる気持ちになるのが普通です。

特に営業社員を通してサービスの購入を決断する営業活動においては、このザイオンス効果を考えてセールスプロセスを構築することで非常に効率的な営業活動が実現できます。

諸説ありますが、成約に至るまでには平均すると7回の接触が必要という説があります。

もし、商談だけですべての接触を実施していくとなると、結構な時間と労力が必要であることが想定できるはずです。

だからこそ、商談以外の接触回数を増やし、また伝える情報を増やす工夫をセールスプロセスに取り入れることをおすすめしています。

例えば以下のような工夫が効果的です。

・情報提供のメルマガを送る

・ウェブ会議のＵＲＬを伝えるメールで、動画を送る

・郵送でプロフィールシートや事例集の冊子、ノウハウを紹介した本を送る

いかがでしょうか。

これらの項目をセールスプロセスに組み入れることで、自然と接触回数を増やすことができ、興味やニーズを引き出す情報も伝えることができるので、商談だけのセールスプロセスに比べて効率的な成約を目指すことができます。

ただ、多少矛盾してしまいますが、接触回数は必ずしも多ければ多いほどよいというわけではなく、例えば興味やニーズがない状態の人に対して10回以上の接触を繰り返し続ければ、しつこいと思われてしまうのは当然です。

一度そう思われてしまえば、その後ニーズが出てきても選択肢から外される危険性があるので注意が必要です。

プッシュ型のセールスプロセス構築のすすめ

本書では、セールスプロセスを商談が決まってからの段階だけではなく、マーケティング活動やテレアポなどを通じて見込み客を獲得するところから成約までの一連の流れと位置付けています。

昨今は分業が一般的となっており、マーケティングやインサイドセールス、アウトバンドセールスで部署が分かれていて、それぞれの部署が目的を明確に絞って業務を遂行しています。

例えば、マーケティングやインサイドセールスの部署であれば、とにかく商談の機会をつくることに力を入れているものです。

そして、アウトバンドセールス（営業）の部署であれば、複数回の商談を

セールスプロセスの例

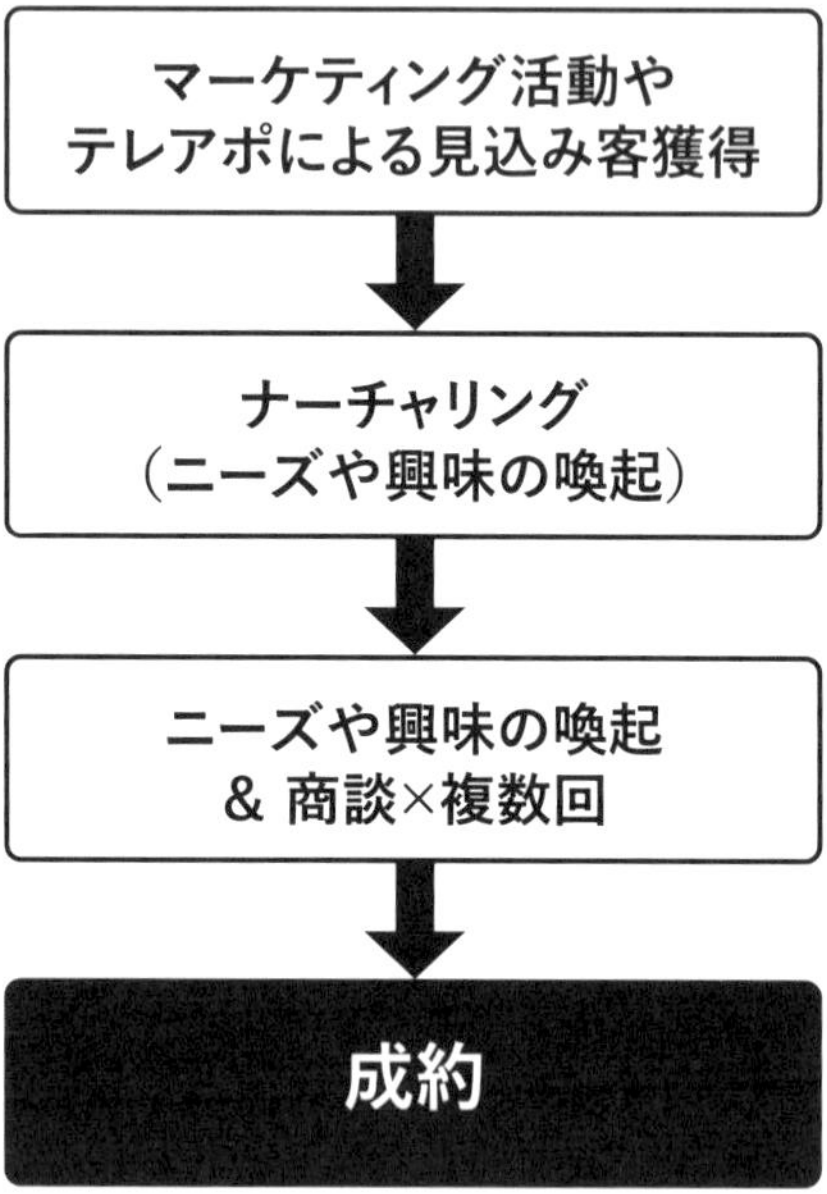
マーケティング活動や
テレアポによる見込み客獲得
ナーチャリング
（ニーズや興味の喚起）
ニーズや興味の喚起
& 商談×複数回
成約

実施して成約を目指しています。

もちろん、これは悪いことではありませんし、実行する場面ではそれぞれの部署が目的を明確にして取り組む必要があります。

ただ、セールスプロセスを考える際には縦割りではなく横ぐしを通す考え方、つまり全過程を俯瞰的に見ながら戦略を考える必要があります。

まずは、プル型とプッシュ型、それぞれの商談獲得方法のメリットやデメ

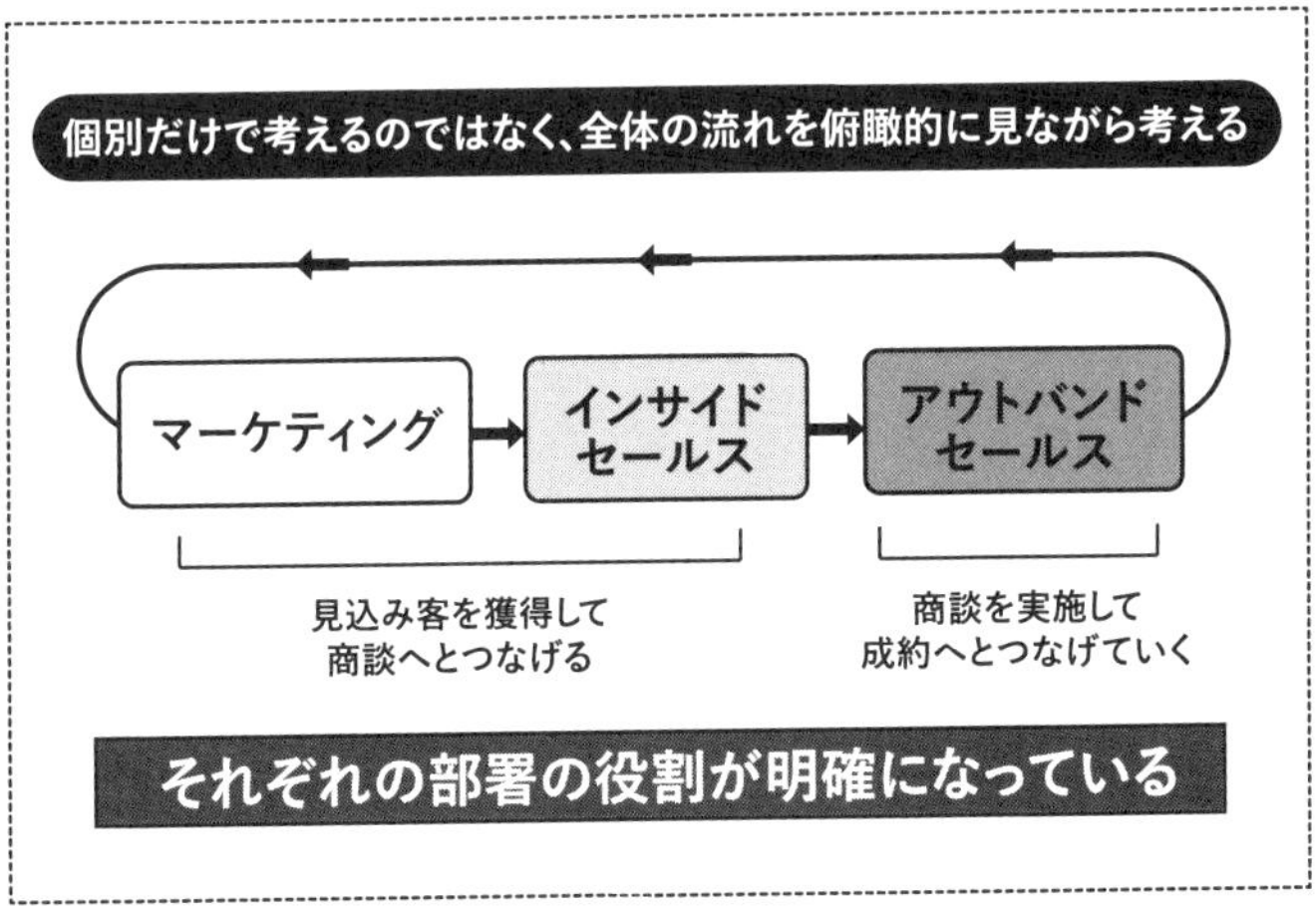
個別だけで考えるのではなく、全体の流れを俯瞰的に見ながら考える
マーケティング
インサイドセールス
アウトバンドセールス
見込み客を獲得して商談へとつなげる
商談を実施して成約へとつなげていく
それぞれの部署の役割が明確になっている

リットについて見ていきましょう。

【プル型の商談獲得のアプローチ】

プル型の商談獲得は、見込み客が自ら情報を求めて関心を持っていることが前提になります。

コンテンツマーケティングと呼ばれるマーケティング施策が一般的で、情報を掲載したブログをはじめとした自社運営のサイトを用意しておき、見込み客が情報を探した際に見つけてもらう施策がよく利用されます。

コンテンツマーケティングのために用意したサイト上から、問い合わせをもらったり資料請求をしてもらうことで見込み客情報を獲得して、その後商談へとつなげていきます。

◆**メリット**

・そもそも見込み客に興味やニーズがある状態なので営業がスムーズに進むことが多い

・うまくいけば安定、継続して見込み客を獲得できる

◆デメリット

・安定して見込み客を獲得できるようになるまでに時間がかかることが多い

・相見積もりになることが多い

【プッシュ型の商談獲得のアプローチ】

プッシュ型の商談獲得は、ＤＭやテレアポ、フォーム営業などで企業側から積極的にアプローチして商談を実現していきます。

商材によりますが、闇雲にアプローチをしてもなかなか商談にはつながりません。

そのため、自社のサービスが役立てる企業のリストを用意できるかが成果に直結します。

◆メリット

・PDCAを回しながら取り組むことができ、結果が出るまでが早い

・再現性の高い『売れる仕組み』をつくることができる

・取引したい企業だけにアプローチすることができる

◆デメリット

・クレームなどをいただくこともあるため、社員のモチベーション低下につながる可能性がある

・初回商談時には興味を持っていない見込み客が多く、興味やニーズを引き出す必要がある

プル型の商談獲得のアプローチ

特徴	・見込み客が**自ら情報を求めて**関心を持っていることが前提 ・**コンテンツマーケティング**と呼ばれるマーケティング施策が一般的 ・情報を掲載したブログをはじめとした自社運営のサイトを用意しておき、**見込み客が情報を探している際に見つけてもらう**といった施策がよく利用される ・コンテンツマーケティングのために用意したサイト上から、**問い合わせをもらったり資料請求をしてもらう**ことで見込み客情報を獲得して、その後商談へとつなげていく
メリット	・そもそも**見込み客に興味やニーズがある状態**なので**営業がスムーズに進む**ことが多い ・うまくいけば**安定、継続して見込み客を獲得**できる
デメリット	・結果が出るまでに**時間がかかる**ことが多い ・競争が激しかったり、将来的に**競争が激しくなる可能性**がある

プッシュ型の商談獲得のアプローチ

特徴	・DMやテレアポ、フォーム営業などで**企業側から積極的にアプローチ**して商談を実現していく ・商材によるが、闇雲にアプローチをしても商談にはつながりにくい ・自社のサービスが役立てる**企業のリストをいかに用意できるのか**が成果に直結
メリット	・PDCAを回しながら取り組むことができ、**結果が出るまでが早い** ・**再現性の高い『売れる仕組み』**をつくることができる
デメリット	・クレームなどをいただくこともあるため、**社員のモチベーション低下につながる可能性**がある ・初回商談時には興味を持っていない見込み客が多く、**興味やニーズを引き出す**必要がある

企業によって得手不得手はあると思いますが、まずはプッシュ型のアプローチをベースにしたセールスプロセスを完成させ、少しずつ長期的目線で考えてプル型のアプローチをベースにしたセールスプロセスの構築を目指していく順序がおすすめです。

というのも、プッシュ型のセールスプロセスを構築できれば、不景気であっても待ちのスタンスではなく、積極的に攻めの営業を実施して売上をつくることが可能になりますし、中小企業やベンチャー企業は早期に売上をつくるメリットは非常に大きいためです。

プッシュ型のセールスプロセスで収益を得られれば、構築に時間のかかるプル型のセールスプロセスの成功確率も上げられるはずです。

なぜ手の込んだセールスプロセスをつくるのか

B2B×無形商材の営業は、セールスプロセスを構築し、適切な営業ツールをつくることによって効率化できると考えています。
でも、一人社長であったり、少数精鋭の会社であれば、必ずしもその限りではありません。

というのも、一人社長や少数精鋭の会社は、その人しかできないという属人性こそが差別化になるからです。新規顧客を獲得し続けて成長するよりも、数こそ少なくても深くて濃い関係のクライアントと長く付き合い続けるケースが多いのです。

これは、一人社長が必要十分に給料を得た上で、経営していくために必要な売上と、組織として多数の人が働く企業を経営するために必要とする売上に大きな違いがあることも一因となっています。

多数の人が働く企業は、あまりに属人性が強い状態となると、何人かが離職してしまうだけで組織が立ち行かなくなってしまうリスクがあるため、属人性を減らす必要がありますが、一人社長の場合には、あえて属人性こそが差別化ポイントになるということになります。

さて、あなたの会社にとって、セールスプロセス構築と営業ツール制作が必要かどうか、少しずつイメージできてきたのではないでしょうか。

ここで再度、セールスプロセス構築と営業ツール制作についてのメリットをまとめておきます。

①自然とザイオンス効果を実現できる

ザイオンス効果を意識することによって効果的な営業を実現できますが、何回も商談し続けるというのはあまり現実的ではなく、営業社員の負担が大きくなってしまいます。

特に、商談前に情報を伝えてニーズや興味を引き出すアプローチを加えることができれば、商談そのものの質が上がり、効率的に商談を進めることが可能になります。

営業ツールを制作して活用することで、自然と接触回数を増やしたセールスプロセスを構築できれば、ザイオンス効果に基づいた営業活動ができるようになります。

②効率的なセールスプロセスを実現することによって営業社員の負担軽減に

効率的なセールスプロセス構築によって営業社員の負担が軽減すれば、社員の会社へのエンゲージメントは高まります。

また、営業活動と実際のサービス提供を同じ社員が担当する場合には、営業活動に割く時間を減らすことができ、結果としてサービス提供にかけられる時間が増えることになります。

サービスのクオリティが上がれば、クライアントの満足度向上や継続取引にもつながりやすくなります。

③事業拡大のために

商談は営業社員だけが担当していて、サービスの提供は専門の社員が提供している場合もあると思います。

セールスプロセスの構築で営業が効率化できれば、時間に余裕ができて、新規顧客獲得のための商談にさらに時間をかけられるようになります。

そうなれば、人材を採用して事業を拡大していくことも可能になりますし、サービスの提供価格を上げて、あえてクライアント数を絞って充実したサービスの提供に舵を切ることも可能になるでしょう。

中小企業や創業間もないベンチャー企業が、余裕を持ちながら自然に成長していくということは簡単なことではありません。

毎期どころか毎月、どれほどの収益になるのかが予想しづらく、新しい投資になかなか手を出せない状況下で目の前の仕事を一生懸命にこなしていかなければならないため、非常に大変です。

売上がすべてを癒してくれるという言葉がありますが、その実現のためにこそ、セールスプロセスの構築と営業ツールの制作が必要不可欠であると考えています。

第3章では、実際のセールスプロセス構築の手順や具体的な営業ツールについて見ていきましょう。

CHAPTER 第3章

セールスプロセス構築と営業ツール制作プロジェクト

ここまで、セールスプロセスの構築と営業ツール制作の重要性についての話を進めてきました。

第3章では具体的にどのようにセールスプロセスを構築していくのかについて、またどのような営業ツールをつくるべきかなどについて、私の企業出版の会社を例として挙げながら紹介していきます。

既にセールスプロセスができている場合や、営業ツールを用意されているケースも多いと思いますが、その場合は改善できるところがないかを意識しながら読んでみてください。

ターゲットを決めていこう

一般的な営業手順としてまずはターゲットを選定するところから始めていきます。

ターゲットとするのはどのような業種の企業でしょうか？
また、その企業の規模はどれぐらいでしょうか？

ターゲット選定は、商材単価から考えて無理がないかという点にも注意が必要です。

例えば、商材単価を数千万円で考えていた場合、中小企業ではなかなか購入してもらうことが難しいかもしれません。

商材単価やサービスとターゲットのミスマッチがないかについては検討材料に含めておきましょう。

私の企業出版の会社の場合、ターゲットを社員10～100名未満の中小企業やベンチャー企業で、B2B×無形商材を扱う企業と考えました。

ITコンサルティングや経営コンサルティング、またマーケティング支援やブランディング支援、人材紹介や採用支援の会社、システム開発会社などが当てはまります。

これは、企業出版サービスを手がけている同業他社のクライアントを見てみると、上場企業や大手医療法人など、ブランディングに予算がある企業がターゲットになっていることが多かったのが一因です。

私たちの会社では中小企業やベンチャー企業をターゲットとして、フットワーク軽く、痒い所に手が届くようなきめ細やかな伴走型サービスを心がけることにしたのです。

おかげで、ベンチャー精神あふれる小さな出版社だからという理由で選んでもらえることが増えました。

ターゲットが決まることによって、セールスプロセス全体を通して何を訴求するのかも自然と決まってくることが多いので、過去取引した企業から理想とするターゲットを決めたり、場合によっては同業他社と違う業種や規模の企業をターゲットとするなど検討していきます。

以下に一般的なターゲットを決める際に参考にする基準を紹介しておきます。

・**業種**

製造業や小売業、金融業など、特定の業種や産業を基準とするのが一般的です。

業種によっては特有のニーズや課題があることも多く、そうした課題に特化したサービスを提供するのもセオリーと言えます。

例えば、医療業界は人材採用に課題を抱えていることが多かったり、小売りやB2C企業は集客や認知拡大に苦労していることが多いものです。

・**企業規模**

ターゲットの企業規模によってセールスプロセスは変わります。

これは、意思決定のプロセスが違うことにも起因しています。

中小企業やベンチャー企業であれば、大企業に比べて経営者に直接アプローチしやすいですが、企業規模が大きくなると、誰が意思決定権を持っているのかがわかりにくいことも多いです。

また、企業規模によって商材単価も変わります。

企業規模は社員数で決めることもあれば、年商を基準として考えることもあります。

・地理的要因

特に、B2B×無形商材の場合は対面で商談やサービス提供を実施することが多いので、どの地域をターゲットに設定するのかについてもあらかじめ決めておきましょう。

もちろん、可能であれば全国対応で問題ありません。

・顧客の課題、ニーズ

課題やニーズを基準としてターゲットを考えることも多いです。

ただ、課題やニーズだけでターゲットを決めるのは難しく、業種や企業規模とかけ合わせて決定していくことで、効率的なセールスプロセスを構築しやすくなります。

・歴史など

例えば2代目、3代目の社長が経営する企業や会社設立20年以上といったように、社歴を基準に考えることもあります。

こちらも顧客の課題やニーズのように、他の基準とかけ合わせて考えることでより解像度が上がります。

何を伝えるのかを決めよう

ターゲットを決めたら、次はそのターゲットに何を伝えるか決めていきます。

この段階では、どんな強みを打ち出すのかを決める過程になりますが、企業側が発信したい強みとクライアントがその企業を選んだ理由には違いがあるケースが少なくありません。

そうなると、自社の強みを一生懸命発信していてもクライアントには刺さりませんし、同業他社と差別化できていなければ、結局は企業規模などで負けてしまう可能性が出てきます。

実際、私の企業出版の会社でも初期は同様の失敗を犯していました。

ターゲットを大企業ではなく中小企業やベンチャー企業としたものの、目的は大企業と同様にブランディングであると考えていたのです。

そのため、伝えるメッセージは社長のキャラクターや人となりを発信することをおすすめするようなものでした。

でも、クライアントが増えてきた段階でヒアリングをすると、中小企業やベンチャー企業が本を出版した理由はブランディング目的ではありませんでした。

それよりも、本を出版することで顧客獲得を目指したり、営業ツールとして活用することで成約率アップを目指すなど、売上アップに直接つなげていくことを目的として出版に取り組んでいるケースが非常に多かったのです。

そのため、当初は

・中小企業やベンチャー企業をターゲットとして、ブランディングや認知拡大を目的とした出版サービスを提供する

という自己評価だったのですが、ヒアリング後には

・中小企業やベンチャー企業をターゲットとして、売上アップ（顧客獲得や成約率アップ）を目的とした出版サービスを提供する

ということを伝えていくよう、戦略を変更しました。

伝えたいメッセージを明確にすることによってキャッチコピーや会社案内などにも一貫性が生まれます。

一部のクライアントからは選ばれなくなってしまうかもしれませんが、逆にミスマッチのない商談が増えることになりました。

一方、ターゲットに何を伝えればよいか難しいと感じている企業は少なく

ないと思います。

この場合、他社と差別化する必要性を意識しすぎるあまり、差別化はできているのに、見込み客には選んでもらえないという失敗を犯してしまう危険性があります。


ターゲットと、そのターゲットに何を伝えて顧客を獲得していくのかについては、セールスプロセス構築や営業ツール制作前にしっかりと設定しておく必要があります。

もしまだ決まっていなければ、下記を参考にしながら考えてみてください。

・同業他社が何を伝えているかを見て自社と比較して考える

同業他社の情報はどれぐらい確認できているでしょうか。

ホームページやSNSの情報などを調べてみて、何を強みとして発信しているのかを確認してみましょう。

似たようなメッセージを発信することになると、そのメッセージをどれほど多くの人に伝えることができるのかという発信力や、広告にどれぐらいの費用をかけられるかという資金力勝負になってしまいかねません。

同業他社が発信している内容を参考にしつつ、あなたの会社であればどのようなメッセージになるかについて頭を捻ってみましょう。

・既存クライアントへのヒアリングを実施する

既存クライアントへのヒアリングは、セールスプロセスの構築に限らず是非実施してもらいたい施策です。

あなたの会社の本当の強みが見えますし、伝えたい情報が適切に伝わっているかを確認することもできます。

例えば、自社の強みをコミュニケーションの円滑さやフットワークの軽さだと考えていたホームページ制作会社がヒアリングを実施してみると、実際は商談時に景品表示法などの法律についてアドバイスをもらえたことが信頼獲得につながっていたりと、思わぬ気づきを得られることもあります。

・何を伝えたときにクロージングにつながるかを営業社員に聞いてみる

既存クライアントにヒアリングして得られる気づきもありますが、営業社員だからこそ何が刺さるのかを知っていることもあります。

「●●の事例を話すと興味を持ってもらえることが多いんですよ」という内容があれば、それをセールスプロセス全体を通して伝えていくことで成約率が大きくアップする可能性を秘めています。

以上のように、ターゲットを決めたら、そのターゲットに何を伝えるのかを決めていきましょう。その際の注意点としては、あまりニッチな内容にしすぎないように考えることです。

というのも、営業活動においてはパーソナライズされたメッセージを伝え、よりニーズに合致した提案をしていく必要がありますが、パーソナライズされたメッセージは商談で提案ができる段階で伝えるべきものであるためです。

最初からニッチにしすぎてしまうと商談まで至らない可能性が出てしまうため、あえてセールスプロセス全体を俯瞰的に見て考える際には、ターゲットに属する見込み客に興味を持ってもらえるぐらいの内容にしておくようにしましょう。

最後に、伝える内容を考える際のヒントを紹介しておきます。

・専門性

特定の業者を専門にしているという強みや、ＡＩを駆使してデータを分析したサービスなど、他社にはないような強みがあればそれを発信していくことで選ばれやすくなります。

・成果や実績

他社に比べて圧倒的に長い業歴があったり、また業界で一番の実績があればそれをアピールすることも大切です。

サービスを導入することによってＲＯＩ（※）がどうなったかといったデータがあると説得力が増します。

・クライアントとの関係や仕事の進め方

サービスの進め方を強みとしてアピールするのも効果的です。

毎月定例のミーティングを行い、きめ細やかに対応しながら作業を進めることをアピールすることによって、他社のサービス提供方法や進め方に不満を感じているクライアントを獲得できるかもしれません。

大切なことは「自社の強み」を打ち出すのではなく、「他社に気に入ってもらえている自社の強み」を適切に伝えていくことです。

ここがうまくいくと非常に効率的なセールスプロセスが実現できるので、クライアントや営業社員へのヒアリング、そして第三者の立場から客観的に意見をもらいながら決めていきましょう。

※ROIとは

ROIとは、Return on Investment（投資利益率）の略称です。

得られた利益（Return）と、その投資にかかった費用（Investment）の比率を示しており、特定の投資活動に対してどれほどの効果があったのかを数値データとして把握するために利用します。

商談獲得方法と商談獲得前の準備

ターゲットと、そのターゲットに何を伝えていくのかが決定したら、いよいよＢ２Ｂ×無形商材のセールスプロセスを考えていきます。

セールスプロセスは全体として大きく２つの段階に分かれます。

それが、

・商談を獲得する段階
・商談の段階

の２段階です。

そして、このセールスプロセス全体を通して、前項で決めた「他社に気に入ってもらえている自社の強み」が伝わるような工夫をしていくことになります。

まずは商談を獲得する段階として、大きくプル型とプッシュ型の2つの方法について見ていきましょう。

〈商談を獲得する段階〉

・プル型の商談獲得までの流れ

プル型の商談獲得方法は

①リードを獲得する

②そのリードにコンタクトを取って商談につなげる

という流れで進めていくことになります。

①リードを獲得する

リードとは見込み客のメールアドレスや企業名、氏名などの情報のことを指し、あらかじめ見込み客側に何らかの課題やニーズがあることが前提となります。

具体的には下記のような施策を実行してリードの獲得を目指すことになります。

コンテンツマーケティング、ウェブ広告（リスティング、SNS広告）、SNSマーケティング、セミナー、展示会

一般的によく利用されるのはコンテンツマーケティングやウェブ広告です。コンテンツマーケティングでは、SEO対策（※）を施した記事にアクセスしてもらい、お役立ち情報などのホワイトペーパーをダウンロードしてもらったり、問い合わせフォームから連絡をいただくことによってリードを獲得できます。

私の企業出版の会社でも、コーポレートサイトとは別に「マーケティング出版® ＋plus」というコンテンツマーケティングを目的としたサイトを運営しています。

「マーケティング出版® ＋plus」では、企業出版に関する情報を発信したり、出版経験者へのインタビュー取材記事などを紹介しているのですが、毎月企業出版に関する問い合わせをいただけるようになるまで成長しました。

マーケティング出版®＋plus（https://publish-marketing.com/）

また、ウェブ広告でいえば、私たちの会社では企業出版に関する本をプレゼントするキャンペーンページをつくり、リスティング広告で運用する施策を実施しました。

こちらの施策では、出版について調べている人が本を読んでくれて、その後に商談を実施できるので、非常に質の高い商談を実施することができました。

（https://learnings.jp/akp/）

はじめて出版に取り組む企業担当者様、
なんとなく出版してみようと思っていませんか？

- **予算は500万円以上だ**
- **企業が本を出版することが企業出版である**
- **ブランディング目的で出版したい**
- **本を出すことによって問い合わせ数増加につなげていきたい**
- **出版後は新聞広告やプレスリリース配信で販促予定だ**

もし、1つでも当てはまったなら、失敗してしまう危険性があります！
まずは、失敗しないための企業出版戦略について学習してみませんか？

セミナーもプル型の商談獲得方法として一般的なものです。

多少なりとも興味があるからセミナーに申し込んでくれるので、セミナー後にフォローを兼ねて連絡をすると商談につながる可能性があります。

展示会でのリード獲得は、展示会場においては積極的にアプローチをしていくこともあるためプッシュ型の営業の要素もありますが、最初に情報収集などで行動を起こしてくれている見込み客の行動からスタートしていることもあり、プル型の商談獲得方法として位置付けています。

②獲得したリードにコンタクトを取って商談につなげる

問い合わせや相談をいただいてすぐに商談に進む場合もあります。

これは、①と②が同時に起きているような状況ということになりますが、一般的にプル型の施策の多くは最初に資料ダウンロードなどで①リードを獲得し、その後②コンタクトを取って商談へとつなげていく流れになります。

もちろん、見込み客側からの商談依頼も期待することはできなくはありませんが、見込み客のリードを獲得できたとしても、ちょっと興味があって資料をダウンロードしただけかもしれませんし、セミナーに参加してそのときは気分が盛り上がっても、それっきりになってしまうということが少なくありません。

そのため、リードを獲得できたなら企業側から積極的にアプローチをして商談につなげていくことをおすすめしています。

アプローチ方法はテレアポでもメールでも構いませんが、商談獲得率はテレアポが高い傾向にあります。

また、もしリード獲得後すぐに商談に結び付かなかったとしても、諦める必要はありません。

その段階ではまだニーズが顕在化していないかもしれませんが、メルマガなどで継続的に情報発信を続けることでナーチャリングに成功すれば、そのタイミングで商談につながる可能性もあるためです。

プル型の商談獲得方法は、まずは課題やニーズがある見込み客のリードを獲得し、そのリードに対して商談を打診するという流れになります。

注意点は、コンテンツマーケティング施策は非常に長い期間がかかると想定しておくこと、そしてウェブ広告や展示会に出展する場合は費用が高額となることもあるので資金計画をしっかりと立てておく必要があることです。

特に創業間もないベンチャー企業など、これから営業に力を入れていこう

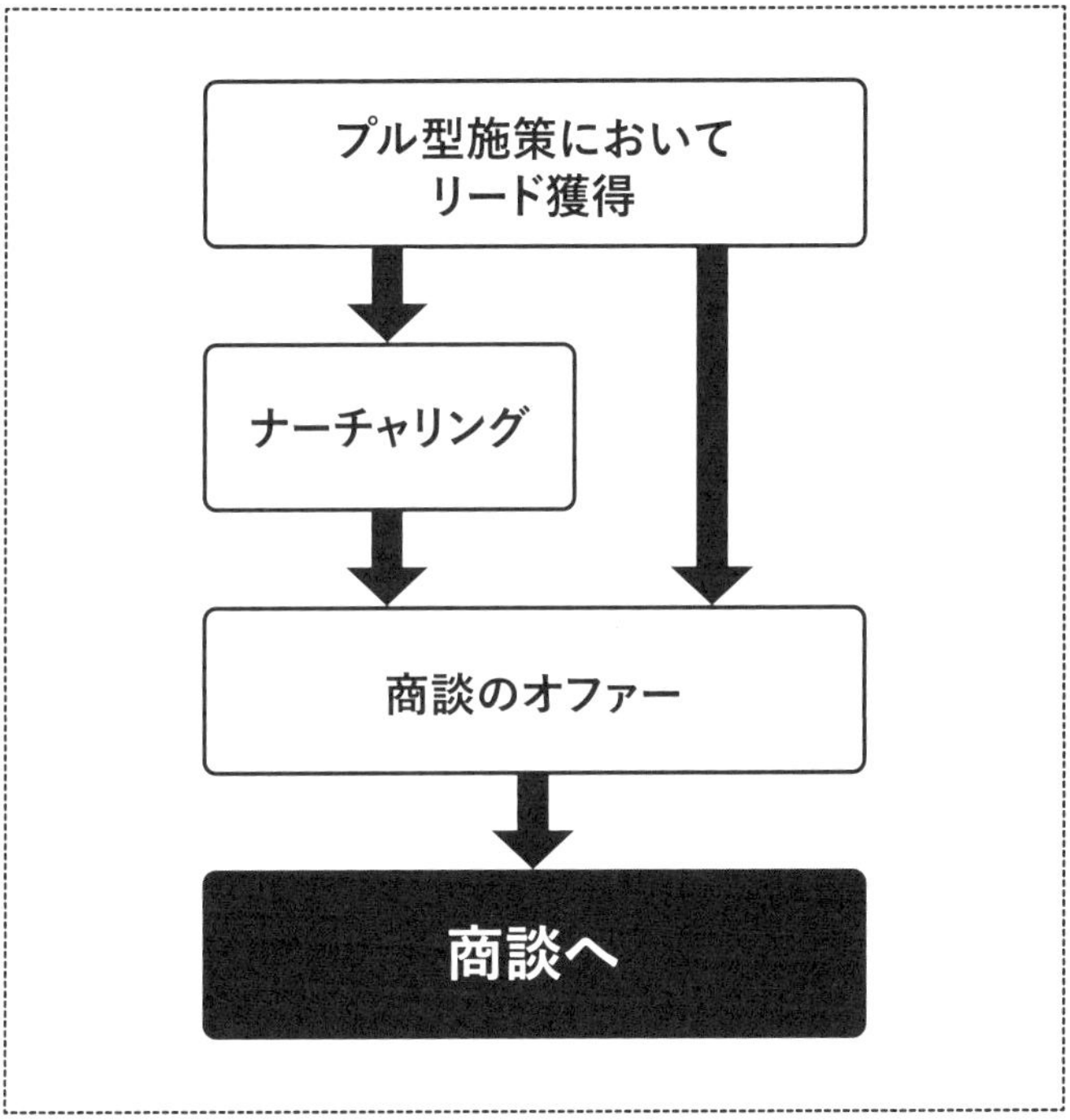
プル型施策において
リード獲得
ナーチャリング
商談のオファー
商談へ

という場合においては、プル型の商談獲得方法だけを始めるのではなく、プッシュ型も同時に始めることをおすすめします。

※SEO対策とは

SEO対策とは、Googleなどのウェブサイトの検索エンジンで特定のワードについて検索されたときに上位表示されることを目的とした施策のことを指します。どのキーワードで検索されたときに上位表示されるのかを考えて、ページの表示速度や適切なコンテンツの質と量を考えて対策を講じます。

ユーザーのニーズに合った情報の提供と定期的なコンテンツ更新が効果的で、検索結果のページにお役立ち資料のダウンロードページなどを用意して、見込み客のリード（メールアドレスや会社名、氏名などの情報）を獲得したり、問い合わせフォームを用意してコミュニケーションを取れる状態にして相談をいただくことを目指すことになります。

・プッシュ型の商談獲得までの流れ

次にプッシュ型の商談獲得までの流れについて見ていきましょう。

プッシュ型の商談獲得方法は

①企業リストを作成する

②その企業リストにコンタクトを取って商談につなげる

という流れで進めていくことになります。

①企業リストを作成する

まずは、あらかじめ決めておいたターゲットに沿った企業リストを作成するところから始めます。

例えば、採用コンサルティングの会社であれば、採用活動を実施している企業の企業リストを作成するでしょうし、展示会の出展を支援している会社であれば、まずはこれまで展示会に出展したことがある企業の企業リストを作成するでしょう。

また、ハウスリスト（※）を保有している企業であれば、そのハウスリストが宝の山である可能性が高いです。

というのも、結果として失注となってしまったかもしれませんが、過去に興味を持ってくれた見込み客は違うタイミングであれば新しい気持ちで話を聞いてくれる可能性もありますし、当時はコンペで同業他社を選んだとしても、今はその同業他社に満足していない可能性もあるためです。

セールスプロセスや営業ツールを見直して再スタートを切る場合には、まずはハウスリストに向けて再度の商談を依頼することから始めるとよいでしょう。

※ハウスリストとは
ハウスリストとは、企業が自ら保有する顧客や見込み客のデータベースのことを指します。過去のマーケティング活動において取得した見込み客のリードで、セミナー参加者や展示会で名刺を交換した人、商談を実施したものの失注となってしまったリードなどが含まれます。

②その企業リストにコンタクトを取って商談につなげる

ある程度まとまった数の企業リストを作成することができたら、企業側から積極的に連絡をして商談を獲得するプッシュ型の施策を実施していきます。

具体的には、下記のような施策を実行して商談の獲得を目指すことになります。

DM（郵送、FAX、メール）、フォーム営業、コールドメール、テレアポ、飛び込み営業

どれも、企業側から積極的にアプローチをかけて商談を獲得していく方法です。

ターゲットによって効果的な施策は異なるので、いずれかが格段に優れた施策というわけではありません。

例えば、ターゲットとして比較的小規模の事業所を想定している場合は意

思決定権者にアクセスしやすいので、ＦＡＸ ＤＭやテレアポが有効かもしれません。

一方で、受付ブロックと言われるように、意思決定権者まで情報を届けるのが難しい比較的大きな企業であれば郵送ＤＭやテレアポの組み合わせや、まずは窓口となる部署との商談を取り付けることを優先させる必要があるかもしれません。

ポイントは、郵送ＤＭやフォーム営業などを実施したとしても、あとで電話をかけるなどして商談の依頼をするといった工夫をすることです。

というのも郵送物やＦＡＸ、フォーム営業の文面に連絡先が書かれていたとしても、そこに連絡をしてくれる人は決して多くないためです。

私の会社にもよく郵送ＤＭが届きますが、少し興味があったとしてもＱＲ

コードを読みこんでわざわざ商談を依頼するかというと、なかなかそこまでの行動には至らないものです。

でも、郵送DMで少し気になっているタイミングで電話連絡が来たら、一度話を聞いてみようかという気持ちになっていた可能性もあります。

プッシュ型の商談獲得方法は、プル型に比べるとそれなりに骨が折れる作業かもしれませんが、ターゲットに合わせて色々な施策を試しながら改善を重ねていきましょう。

〈商談の段階〉

ここまでプル型とプッシュ型の商談獲得方法について紹介してきました。

商談獲得の過程は骨が折れる作業も多く、営業社員が精神的に辛いと感じてしまうことがあるかもしれませんが、B2B×無形商材の場合、商談せずに購入してもらえることは多くありません。

あまりにも労力がかかるようであったり、そもそもリソースが足りない場合には一部外注の利用も検討しましょう。

さて、商談を獲得したら次の段階に進みます。


ここではわかりやすく「商談の段階」という言葉を使っていますが、商談獲得後から商談までの間にやっておくべきことが3つあります。

①準備はしっかりと

当たり前に感じるかもしれませんが、必ず見込み客の下調べをして、どのような提案をして成約へと進んでいくのかについての戦略を立てておきましょう。

ホームページや社長のＳＮＳなど、企業が発信している情報を調べれば興味や考え方がわかりますし、商談時のブレイクアウトに利用できるようなプレスリリースを発信していることもあります。

また、最初から商談に決定権者が出てきてくれるのかどうかも想定しておきましょう。

もし意思決定権者が出てきてくれる可能性が低い場合には、最初は大まかな説明をした上で、商談時に意思決定プロセスを聞いて、それに合わせて２回目以降の商談の戦略を立てる必要があります。

商談獲得までにはたくさんの費用や労力がかかっていますし、せっかく時間を取ってくれた大切な見込み客なので、抜かりなく準備をして商談に臨みましょう。

②商談前にセミナーや小冊子などを提供する

最近は、初回の商談をウェブで実施することが多いので、本書でも最初の商談はウェブ上で実施することを前提として話を進めさせていただきます。

商談が決まるとウェブ商談のＵＲＬをメールで送ることが多いと思います。

ただ、せっかく接触するタイミングですし間違いなくメールを見てくれることが想定できるので、ただＵＲＬだけを送るのではもったいないと考えています。

例えば、ウェブ商談のＵＲＬと併せてセミナー動画も送ってみてはいかがでしょうか？

１～２時間の長時間の動画ではなく、10～20分程度の短い動画であれば、一度観ておこうかと考えてもらえる可能性もあります。

10〜20分程度で簡単に事例などを紹介してそれを観てもらうことができれば、商談時に

「動画で観たんだけど…」

と、動画内容について言及してくれて、商談が有意義なものにつながるかもしれません。

また、郵送で小冊子などを送っておく施策を検討してみるのもよいでしょう。

昨今は、資料も紙ではなくPDFで送るなど、デジタルで情報のやりとりをすることが一般的ですが、だからこそ物理的なモノとして何かを受け取ると印象に残りやすいものです。

これも、短いセミナー動画と同様に観てもらうことができれば、商談のクオリティ向上につながります。

③仮説提案書を用意する

Ｂ２Ｂ×無形商材は、クライアントに合わせたオーダーメイドのサービスとなっていることが多いと思います。

この場合、初回商談でサービスの説明をして、その説明に興味を持ってくれたら提案書を用いて説明していくという流れが一般的なのではないでしょうか。

でも、効率的な商談を目指すのであれば、見込み客を想定した仮説提案書を用意した上で初回商談に臨むことをおすすめします。

仮説提案書があることによって、相手もどのようなサービスなのかをイメージしやすくなりますし、議論がスムーズに進めばその提案書を改善しながら自然な流れで成約までつながっていくことが少なくないためです。

私の企業出版の会社でも、初回商談時に、どのような本を出版するとどのような経営課題の解決につながるかについて、見込み客の課題を想定して仮説に基づいた出版企画書をお見せするようにしています。

もちろん、このような経営課題があるのではないかという仮説に基づいた出版企画書なので、必ずしもその出版企画書が見込み客の心を掴むことができるわけではありませんが、それでも、

「こういった経営課題は感じていないけど、どうせ本を出版するなら●●みたいな本がいいかな」

といったように、見込み客の本音を引き出せることは少なくありません。

以上のように、商談が決まれば、

・当たり前のように商談の準備をして戦略を立て
・動画や小冊子などの郵送によって商談のクオリティを上げる工夫をして
・見込み客に合わせた仮説提案書を作成して

商談に臨むという手順を踏んでいきましょう。

一見大変なように思えるかもしれませんが、この３つをしっかりと意識しておくことで商談のクオリティに大きな差が生まれ、結果として営業の効率化へとつながっていきます。

セールスプロセスの基本と毎回の商談でやるべきこと

ここまででおおよそ理解できているかもしれませんが、セールスプロセスは次の流れが基本となります。

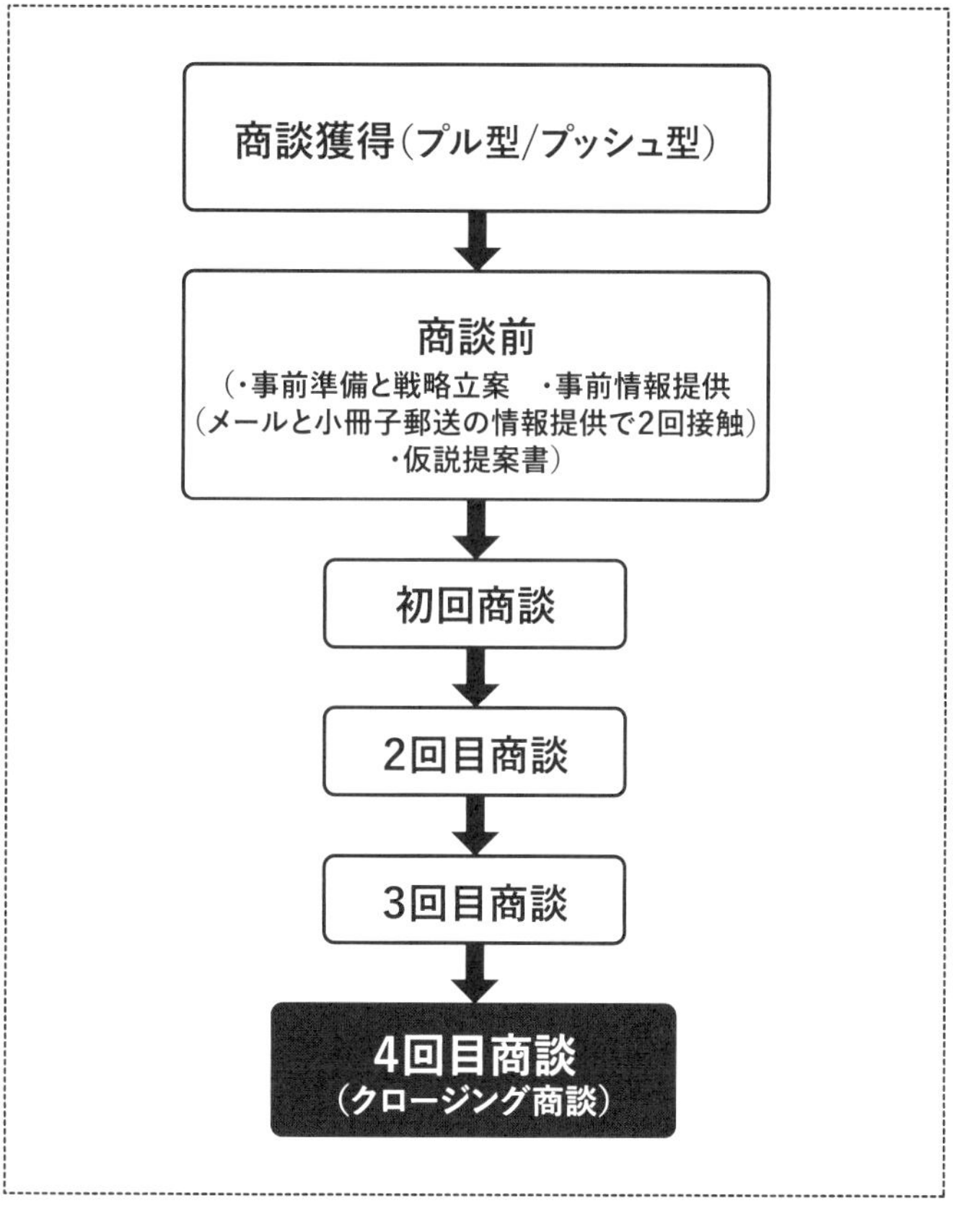
商談獲得（プル型/プッシュ型）
商談前
（・事前準備と戦略立案　・事前情報提供
（メールと小冊子郵送の情報提供で2回接触）
・仮説提案書）
初回商談
2回目商談
3回目商談
4回目商談
（クロージング商談）

ここでは割愛していますが、商談獲得の箇所も、フォーム営業とテレアポを組み合わせるなどしたセールスプロセスをあらかじめ決めておき、その通りに営業活動を実施していくことになります。

毎回の営業活動が同じセールスプロセスを経て実施されることによって、何が成約までのボトルネックとなるのかがわかりやすく、修正すべきポイントが明確になります。

これもセールスプロセス構築のメリットと言えるでしょう。

また、問い合わせフォームから具体的な相談や質問をもらって商談に進む場合には、セールスプロセス通りでなくてもよいという例外も設けておきましょう。

というのも、問い合わせフォームから具体的な相談をくれるということは、やりたいことが決まっていたり、検討がかなり進んでいるような状態であると想像できるためです。

この場合は他の見込み客と同じように、ナーチャリング施策を実施しながら進めるセールスプロセスは適切ではありません。

相談や質問に応じて臨機応変に対応するべきで、こちらから情報を与えすぎるよりもまずは見込み客がどのようなことを考えているのか、ヒアリングを実施するところからスタートするようにしましょう。

もちろん、プル型の施策でも、具体的な相談を受けているわけでなければ、セールスプロセス通りの営業活動をしていけば問題ありません。

次に、初回から2回目、3回目と商談を進めていく際に、それぞれの商談時における目的や実施方法、留意事項の例を紹介します。

あくまでも一例として、あなたの会社の商品やサービスの特性を考えてセールスプロセスを決めていきましょう。

商談回数／方法	留意事項
初回／ウェブ商談	**目的：関係構築と2回目商談の約束** ・アイスブレイクをしっかりと実施する ・仮説提案書を見せて、感想や反応をしっかりと把握する ・説明は短めにして、できる限りヒアリングを実施して意見をもらう ・ヒアリングの時間を長めに割いて次回商談での提案へつなげる
2回目／ウェブ商談	**目的：3回目商談（対面）の約束と意思決定権者の同席依頼** ・サービスを導入することによって解決する経営課題を明確にして共有する ・初回商談時のヒアリングに基づいて仮説提案書をブラッシュアップ ・サービス導入後のイメージを抱いてもらうことと、場合によっては意思決定までのプロセスを把握
3回目／対面	**目的：提案の細部を詰める、予算に応じて主サービスとオプションなどを取捨選択、次回商談（クロージング商談）の約束** ・できる限り対面での商談を実施 ・対面だからこそ、予算など本当に聞きたいこと、聞きにくいことについてもヒアリングしていく ・次回は、疑問点や不安点などを解消した、最終プレゼンのつもりで提案させていただきたい旨を伝える
4回目（クロージング）／対面	**目的：クロージング** ・予算を聞いたとしても、予算に合わせた提案ではなく、本当にクライアントに役立つ提案を心がける ・クロージングを目的とするが、焦りすぎない ・疑問点がすべて解決しない限り決断いただくことは難しい ・現段階でのクロージングが難しいと考えた場合には次回商談の約束を狙う

ここでは、４回目でクロージング、つまり成約を決断してもらうことを前提としました。

ただ、決断を焦りすぎるのは禁物です。

もちろん、７回、８回といつまでも商談ばかり続いてしまうのであれば決断を迫る必要もあるかもしれませんが、Ｂ２Ｂ×無形商材の場合は成約したところから正式なお付き合いが始まることがほとんどです。

もし、強引に決断を迫ってしまえば、関係性が悪化してサービス提供時に影響が出てしまう可能性がありますし、そうなれば最大限に成果を発揮することが難しくなります。

Ｂ２Ｂ×無形商材において理想的な関係は、ともにプロジェクトをしていくパートナーという関係ではないでしょうか。

商談が続く場合にも、購入の決断だけを目的とはせず、疑問点や不安点の解消を目的として、すべての疑問や不安がなくなるまで付き合い続ける姿勢で取り組みましょう。

営業ツールについて

基本となるセールスプロセスを紹介しましたが、基本的な考え方としてB2B×無形商材のサービスの導入を決断してもらうためには、通常の有形商材よりもたくさんの情報を伝えてサービス導入後のイメージを持ってもらう必要があります。

そして、それを実現するためには、ただ商談を獲得し、その後、商談を実施していくだけでは非効率です。

そこで考えるべきなのが、サービスの購入を決断しやすくするための営業ツールです。

営業ツールを工夫することによってコミュニケーションが生まれたり、商談のクオリティを上げたり、またセールスプロセスを効率的にするといったメリットが実現します。

ここまでにも営業ツールとして動画や小冊子などを紹介してきましたが、それらも含めてどのような営業ツールをどのように活用していくとよいのかについて見ていきましょう。

もちろん、紹介しているものをすべて用意するのではなく、必要に応じて取捨選択しながら使う営業ツールを決めていきましょう。

〈基本的な営業ツール〉

まずはB2B×無形商材を扱っているのであれば、ほとんどの企業が用意している営業ツールを確認していきます。

定期的に改善を重ねていれば問題ありませんが、何年も前につくったものをそのまま使い続けているのであれば、改善できるところがないか検討してみてもよいかもしれません。

・名刺

最近はウェブ商談が多く名刺を渡す機会は少なくなりましたが、それでもＢ２Ｂ×無形商材の場合は対面で商談する機会も珍しくありません。初対面で名刺を渡したときに興味を持ってもらうことができれば、アイスブレイクのツールとして役立つ可能性もあります。

また、交流会によく参加する人であれば、裏面に得意分野について記載したり、折り畳み式の名刺にして顔写真や自己紹介を記載することもあるでしょう。

交流会後の名刺を整理する際に「この人誰だっけ？」となっても名刺に情報が記載されていれば思い出してもらいやすいですし、風変わりな名刺であれば印象に残りやすいものです。

あなたも、今まで交換した名刺の中に印象に残っているものがあるのではないでしょうか？

私の企業出版の会社の場合は、少しでも印象に残してもらおうと表面にツヤのある少し高級な紙を使用したり、社員一人ひとりが会社のロゴの周りに手描きのイラストを配置して、名刺交換時に話が広がるような工夫をしました。

決断が近い対面商談の際にしか名刺を使わないということであれば、そこまで名刺にこだわる必要性はないように感じるかもしれませんが、その際も会社のロゴや会社案内などのトンマナ（※）は合わせておきましょう。テーマとなる色を決めてホームページなどの印象も統一することによって、覚えてもらいやすくなります。

※トンマナとは
デザインの言葉としてのトンマナとは、「トーン&マナー」の略称のことを指します。デザインや色、スタイル、文言などに一貫性をもたせるルールのことで、トンマナを合わせることで一貫したイメージとすることができます。

・会社案内

会社案内は会社の情報を伝えるものです。
資本金や住所、電話番号や沿革を掲載するのはもちろんですが、何を強みとしているのか、具体的には何を提供している会社なのかを伝えていきましょう。

機能よりもベネフィットを伝える意識でつくることで、より見込み客の興味や関心を引きやすくなるのでキャッチコピーなどを考えるときには工夫していきましょう。

具体的な例を挙げて見ていきます。

例えば、ＩＴコンサルティング会社の会社案内をつくる場合に

『当社は、カスタムソフトウェアの開発、データベース設計と開発、クラウドサービスや業務ＤＸの導入支援を行っています』

と書いてあるとどう見えるでしょうか。

なんとなくどのようなサービスを提供しているかはわかりますが、興味や関心がない状態でこのようなコピーを見ても、イメージを持ちづらいのでは

ないでしょうか。

それでは、

『その面倒な業務プロセスに最適なＩＴソリューションを提供し、業務効率化と成長に貢献します！』

と掲載されているとどうでしょう。

もし、特定の業務に時間や労力がかかるという課題を感じていた場合には、この会社に聞けば何か効率化につながる解決策が生まれるかもしれない、と考えるきっかけになるかもしれません。

このＩＴコンサルティング会社の例のように、会社案内では、何をサービスとして提供しているのかを伝えるよりも、この会社と付き合うことでどのようなベネフィットがありそうなのかが伝わるメッセージを短く、端的に伝えることが大切です。

これは、就職活動で会社選びをしているなどの特殊な場合を除いて、会社案内はそこまで熱心に読んでもらえないことが多いためです。

商談の際には営業資料や提案資料を用いますし、特別な目的がない限りはパラパラとめくりながら目を通すぐらいの使われ方になるのが会社案内です。

そのため、目を引くキャッチコピーを採用して、それを伝えられるようなデザインで、できたら良質な紙を使って印象のよい会社を目指しましょう。

・ホームページ

現在、ホームページがない企業はほとんどありません。

でも、ホームページにどのような機能を持たせて、どのような目的で運用するかについてはしっかりと決まっているでしょうか？

ホームページから顧客を獲得したいと言いながらも、ホームページにはコンテンツがほとんどなく、会社名を知っている人からの検索しか訪問者がいないような状態になっていることもあります。

また、デザイン性に優れた、おしゃれなホームページを用意している会社もあると思います。

もちろん、それも間違いではありません。

企業名で検索したときにかっこいいホームページがあれば、よい企業イメージを持ってもらえる可能性もあります。

この場合、顧客獲得にはつながらなくても、採用活動には効果を発揮するかもしれません。

私の企業出版の会社では、ホームページから問い合わせや資料請求をいただくことを前提にしていることもあり、トップページに資料請求や問い合わせのボタンを配置し、定期的にコンテンツを発信するようにしています。その結果、毎月10〜20件の問い合わせをいただくという成果につながっていてホームページが売上に貢献してくれています。

また、企業の総合案内を目的としたページとは別に、特定の商品やサービスを紹介するためのホームページを持っている企業も多いと思います。特定の商品やサービスの案内を目的としたホームページは、購入を検討している見込み客にとって、非常に検討しやすくなりますが、一方で制作にあたっては費用や労力に見合うだけの意味があるかどうかについてはよく検討する必要があります。

特にB2B×無形商材の場合は、見込み客が調べて探すよりも、オーダーメイドでの提案が、意思決定に大きな影響を及ぼすと考えられます。

この場合、特定の商品やサービスを紹介するためのホームページよりもむしろ、見込み客を獲得するためのコンテンツマーケティングのホームページをつくり、ホワイトペーパー施策や問い合わせを狙う施策が効果的となることが多いです。

・営業資料

営業資料においても会社案内と同様、できる限りベネフィットを紹介する意識で掲載するコンテンツを紹介するようにしましょう。

例えば、効率的なセールスプロセス構築を支援する私たちの会社（セールスプロセス株式会社）の場合は以下のような表現をすると伝わりやすいのではないでしょうか？

B2B×無形商材のセールスプロセスを構築し、営業ツールを制作します！
←
入社3か月の社員でも販売できる、B2B×無形商材の「売れる仕組み」をつくります！

また、営業資料はどのように使われるのかについても考えてつくる必要があります。
掲載するコンテンツをどのような順に配置するのかで迷った場合には、聞き手側のテンションに合わせて考えてみると伝わりやすい資料になります。

例えば、商談では、まず解決したい経営課題を明確にするところからスタートしたいものです。
そのため、「こんな悩みはないですか？」というあるある話からスタートするのが一般的です。
悩みを共感してもらえれば、この課題を解決するにはどうすればよいのだろうという疑問を解決していくことでスムーズに導入の検討に入ることができますね。

その後は、要点を整理しつつ、どのようなプロセスで解決につながっていくのかを説明していきます。
最後の方になれば、より詳しい事例などを紹介して、聞き手側の企業担当者が「うちならどういった手順で解決につながっていくのだろう」ということをイメージしてもらえるようなコンテンツを掲載するとよいでしょう。

もちろん、営業資料にはベネフィットに加えて機能についても掲載しておく必要があります。

営業資料の掲載順に迷ったときの大まかな順序

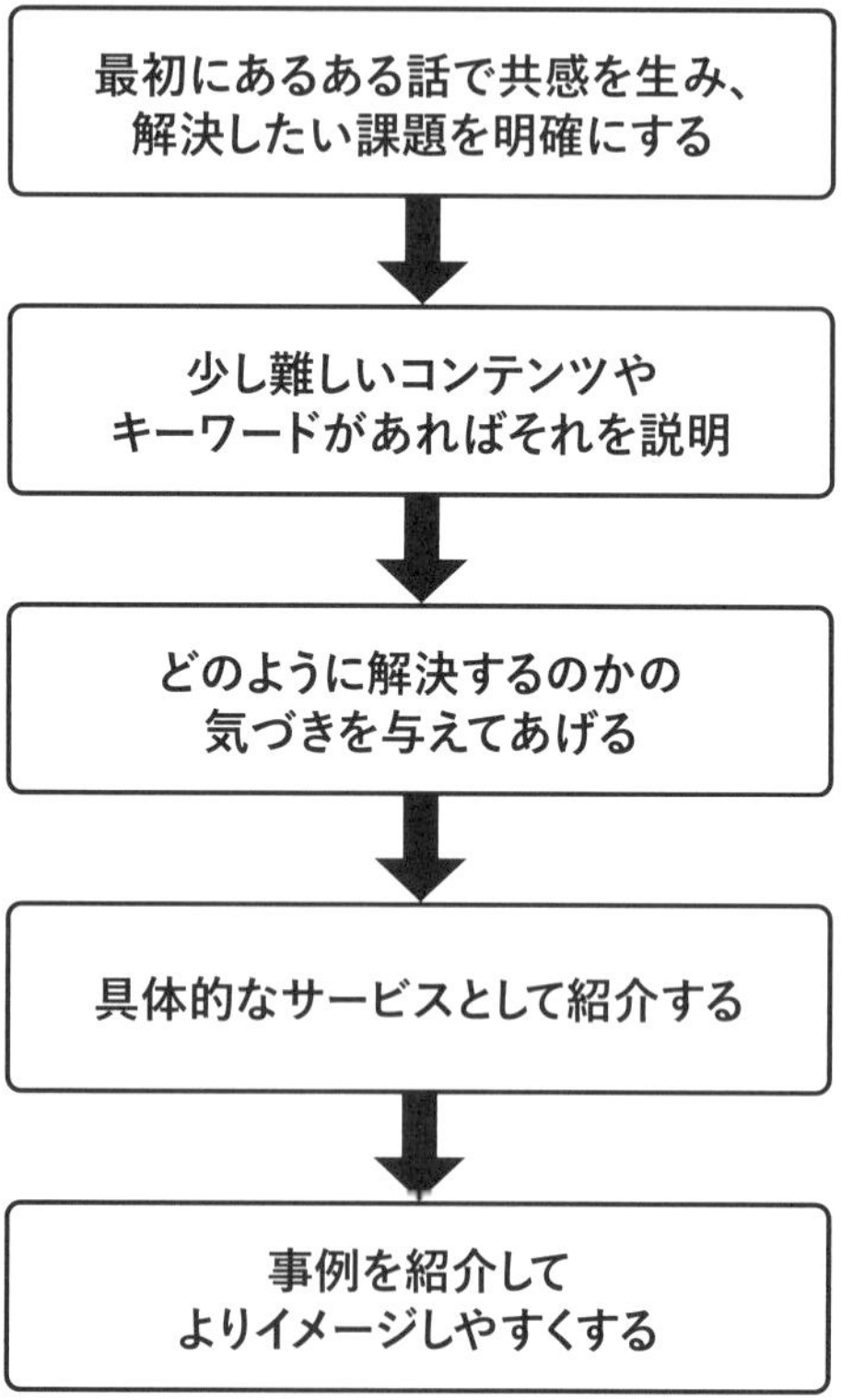
最初にあるある話で共感を生み、解決したい課題を明確にする
少し難しいコンテンツやキーワードがあればそれを説明
どのように解決するのかの気づきを与えてあげる
具体的なサービスとして紹介する
事例を紹介してよりイメージしやすくする

これからサービスの導入を検討する人のために、ベネフィットを伝えた方がより興味を引き出しやすいのは事実ですが、一方で最終局面になるとどのようなことがサービスに含まれているのかについても注目しますし、場合によっては他社の営業資料と見比べて導入の可否を決定する場合もあるからです。

なお、ここでいう「機能」とは具体的には下記のようなもののことを指します。

例：ホームページ制作会社の場合

・デザイン
・ＣＭＳ（コンテンツ管理システム）の導入とカスタマイズの内容
・何ページあるホームページをつくるか

・コンテンツの作成
・修正の回数
・SEO（検索エンジン最適化）の実施
・保守管理とサポートの有無
・データアナリティクスやレポート

営業資料であれば、上記のようにサービスにどのような機能が含まれているのかを掲載しておく必要があります。

ただ、機能については最終検討段階には必要な情報ですが、興味やニーズが十分にない状態においては不必要な情報でもあるため、できるだけベネフィットを伝えることを意識してつくっていきましょう。

・提案書（コンセプトシートや提案書）

営業資料は主に初回商談の際や、商談に至る前に「資料だけもらえますか」と言われた段階でお渡しするものとして活用することを前提としています。

ただ、２回目以降の商談に進む場合には、営業資料とは別にその見込み客のためのオーダーメイドの提案書をつくって提案する商談が一般的です。初回商談の際にも、仮説の提案書を作成することをおすすめしましたが、これはあくまでもニーズや本音を引き出すことを目的としています。

そのため、２回目の商談に進んだ際には、１回目のヒアリングを踏まえた提案書を作成して、より具体的な話ができるように工夫していくことになります。

提案書については、B2B×無形商材を扱っている会社であれば、どの企業でも用意しているものだと思うので詳細は割愛しますが、以下のようなコンテンツが掲載されていれば概ね問題ないでしょう。

・コンセプト（キャッチコピーなどがあるとよい）
・解決する経営課題（解像度高く）
・どのように解決するのか（イメージできるように）
・類似の事例
・企画書
・導入の手順
・オプションなどの紹介

最終的な提案書も同様のものでも構いませんし、2回目には、コンセプトや解決する経営課題、どのように解決していくのかについてのイメージだけを共有しておいて、3回目以降にさらに具体的につくり込んだ提案書を提出するといった形でもよいでしょう。

どのようなサービスを提供しているのかについては、できる限り初回商談時に営業資料を用いて説明することで理解してもらい、商談2回目以降は提案書などを用いて経営課題とそれをどのように解決していくのかについての話を深めていくことを目指しましょう。

〈ここで差がつく！　商談を効率化するための営業ツール〉

ここまでに紹介した基本的な営業ツールは、B2B×無形商材を扱う多くの企業が用意しているものだと思いますが、これから紹介していく営業ツールについては用意していない企業も多いはずです。

ただ、効率的なセールスプロセスを目指すのであれば、基本となる営業ツールに加えて、これから紹介する補足的な営業ツールを検討してみることをおすすめします。

前述の通り、B2B×無形商材の場合は、1件の成約が増えるだけで利益に大きな影響を及ぼす可能性があり、その1件の成約増加が5年、10年と継続することになればインパクトは絶大です。

商談数を少しでも増やせないか、商談のクオリティや成約率を少しでも上げられないかを考えるために、これから紹介する営業ツールをセールスプロセスの過程に加えることを検討してみてください。

・セミナー動画

昨今はスマートフォンやパソコンで動画を観るのが当たり前になっています。

電車の中でスマートフォンを横向きにして視聴している人も多くいますし、ウェブセミナーを受講したことがある人も多いのではないでしょうか。

かつてのセミナーは会場を借りたり、お茶を用意したりと大変で、参加者からも数千円ほどの費用をいただいて開催するケースが多かったように思います。

でも、ウェブセミナーであれば会場費はかかりませんし、参加する側も気楽な気持ちで参加できるものです。

そして、動画として保存しておくことで、営業ツールとして利用できるのは大きなメリットです。

もし、あなたが既にセミナーを何度か開催していて、そのセミナーの参加者から商談、成約へとつながることが多いのであれば、そのセミナー動画を活用しない手はありません。

セミナー以外からのルートで商談につながった見込み客には、商談前に動画URLをメールで送って視聴しておいてもらったり、ハウスリストがあれば一斉メール配信で視聴を促すのも有効です。

一点注意としては、録画して後日動画セミナーとして視聴してもらう場合にはテロップを入れたり資料を見やすくするために編集を入れることです。

動画編集には多少の費用がかかりますが、見やすさを加味すればそれなりの費用対効果は得られるはずです。

・小冊子（事例集やノウハウ集）

営業資料や提案資料は、サービスを購入してもらうことを目的とした資料ですが、興味やニーズを引き出すためには、事例をまとめた小冊子などを用意することがおすすめです。

見込み客と似たようなクライアントで、何かしらの経営課題を改善できた事例があれば、見込み客も読みたくなるはずですし、読んで共感を得られれば自社の課題について相談したいと考えてくれる可能性も高まります。

ポイントは、サービスの導入を前提としないコンテンツにすることです。

例を挙げて考えてみましょう。

例えば、美容サロン専門のコンサルティング事業を営んでいる企業が見込み客の興味を引き出すことを考えた場合、以下のような小冊子はいかがでしょうか。
「3か月で集客の仕組みをつくることに成功した美容サロン8事例を紹介」
「美容サロンが知っておきたい集客術7選」
「なぜ、地方の新規開業の美容サロンが初月から300万円を売り上げたのか」

あなたが美容サロンを経営する立場であれば、きっと読んでみたいと思うのではないでしょうか。

こうした小冊子は1冊しかつくれないわけではありません。

むしろ、獲得したい顧客に合わせて複数の小冊子をつくって活用していくことで、より成果につながりやすくなります。

つくった小冊子は後ほど紹介するようなブックLPで、プレゼントキャンペーンとして見込み客獲得施策に活用することもできますし、商談のクオリティを上げることを目的として商談前に郵送して活用することもできます。

・本

小冊子と併せておすすめしたいのが営業ツールとしての本です。

小冊子よりも掲載できる情報量が多いのと、本1冊の情報量はセミナーにすると6～7時間分（※）ぐらいの量になります。

これだけの情報量を体系的に伝えることができれば、あなたの会社やサービスに対しての興味やニーズを引き出せる可能性は高いのではないでしょうか。

また、本を出版したことがあるという実績はブランディングにもつながりますし、本を読んでいただいた後に問い合わせをいただくことも少なくありません。
実際に、私の会社では下記のように複数の本を出版して営業ツールとして活用しています。

本を出版するたびに顧客が増えていくことを実感していますし、商談前に郵送したり手渡したりと、興味やニーズを引き出す営業ツールとして使い勝手がいいので、これからも継続的に本を出版していく予定です。

※本1冊の情報量を6～7時間分ぐらいの量と解説しましたが、これはプロのライターが本の原稿を執筆する場合に経営者へのインタビュー取材を最低でも6～7時間程度実施することから算出しています。企業出版で出版される本の多くは、忙しい経営者が自ら執筆することは少なく、インタビュー取材やセミナー動画などからプロのライターが原稿をつくることが多いです。

・ランディングページ（LP）

ランディングページをウェブ広告で運用してリードを獲得するという施策は、多くの企業が実施しているウェブマーケティング施策です。

リードを獲得してハウスリストとして保有し、メルマガなどを配信しながらセミナー誘導や商談へとつなげていくという流れは、Ｂ２Ｂ×無形商材に限らず、ウェブマーケティングの王道とも言える施策です。

Ｂ２Ｃの商品やサービスの場合には、最初に無料お試し商品やテストモニターのように格安でサービスを提供して、気に入ってもらえたら本当に販売したい商品を案内していくという流れが一般的です。

実際、私も軽い気持ちで低価格の脱毛のキャンペーンに申し込みをした結果、いつの間にか本格的な口周り脱毛に取り組む決断に至ったことがあります。

一時的な効果で終わるテレビ広告や新聞広告などと違って、リードを獲得すれば、その後継続してアプローチすることができるので、中小企業やベンチャー企業は是非実施を検討したい施策と考えられます。

一方で、Ｂ２Ｂ×無形商材の場合はこうしたウェブ施策での成果をなかなか得られないと感じている企業が少なくありません。

というのも、B2B×無形商材は、リード獲得から商談獲得までのナーチャリングに時間がかかってしまうためです。

リード獲得単価も、セミナー参加やサービスの資料請求をコンバージョン（※）としたランディングページは1件1~3万円と年々高額になっていく傾向にあるため、

・メールアドレス登録だけのように入力のハードルが低いランディングページにして、その後ナーチャリングに力を入れる

・セミナー参加や動画講座視聴など、ナーチャ

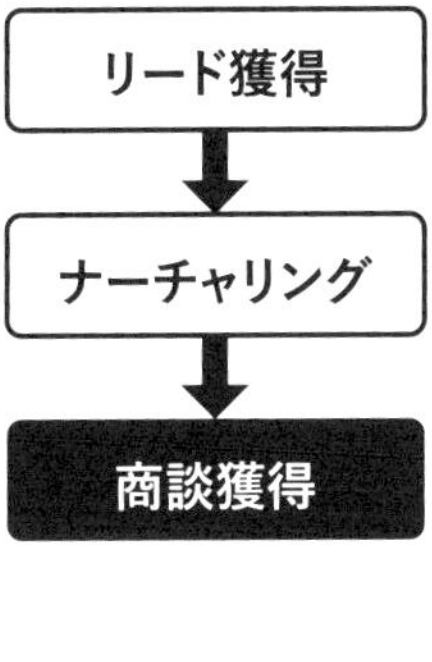

リングが実現できるようなコンバージョンを用意した施策にするといった工夫をしながら取り組んでいく必要があります。

【付録】ブックLP

営業ツールとして小冊子や本の紹介をしましたが、それらをプレゼントするキャンペーンのランディングページもおすすめです。

具体的には次のようなランディングページです。

ブック LP
https://learnings.jp/apcp/

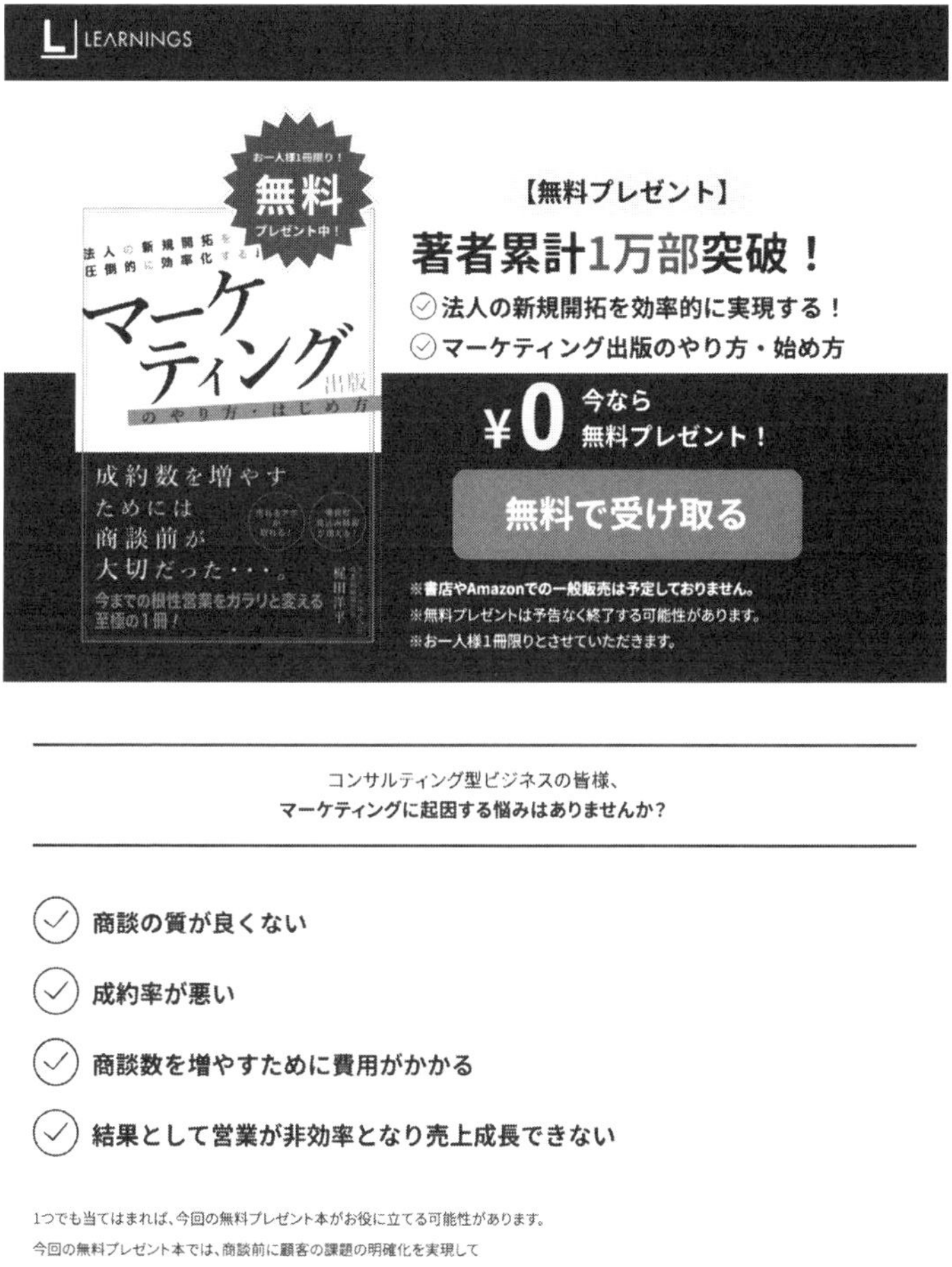

このランディングページは小冊子や本を無料でプレゼントするものですが、申し込んでくれた人はまず例外なく読んでくれるはずです。

読んでもらえればニーズや興味を引き出すことができるようになっていて、その後商談につなげることができれば、かなり前向きな商談となるはずです。

また、申し込みの際には名前はもちろん、住所やメールアドレスなどの情報も入手することができますが、入力ハードルが高いほど獲得できるリードの数は減り、質が高くなりやすいという特徴があります。

ブックLPをつくったら、ハウスリストに情報発信してナーチャリングと商談を同時に実現できるような施策を実施してみるのもよいでしょう。

※コンバージョンとは
コンバージョンとはウェブサイトやアプリなどにおいて、特定の目的を達成することを指します。特定の目的とは、商品の購入、登録、問い合わせフォーム入力などで、ランディングページの運用においては、入力項目が少ないほどコンバージョン数が増える傾向にあります。

・プロフィールシート

商談が決まった際などに資料や小冊子などを郵送することがある場合には、担当する営業社員のプロフィールシートをつくっておいて同封することをおすすめします。

これも簡単なものでいいのですが、顔と名前を覚えてもらって親近感を持ってもらえれば、商談がスムーズに進む可能性が高まります。

セールスプロセス株式会社
代表取締役

梶田　洋平

YOHEI KAJITA

15年の営業経験を基に貴社を全力支援！

『セールスの明日を創る』をミッションに掲げて、クライアントの売上につながる施策を提案してまいります。
再現性のある、売れる仕組みづくりが得意です！

出身地

愛知県名古屋市

好きな本

経営者の自叙伝やマーケティングなどのビジネス書

略歴

慶應義塾大学環境情報学部
みずほインベスターズ証券（現みずほ証券）
現職

自己分析

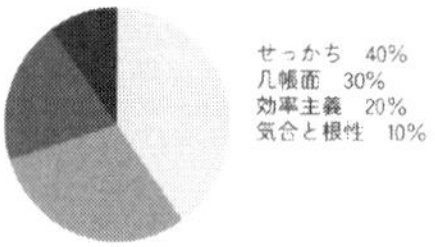

趣味

野球観戦、読書

中日ドラゴンズのファンで、神宮や横浜球場、ナゴヤドームにてよく観戦します。

また、毎日書店に足を運び、趣味と実益を兼ねてビジネス書を読み続けています。

仕事でうれしかったこと

「そんなに大きな成果までは期待していない」と言われていたクライアント様に「おかげでむちゃくちゃ儲かるようになりました！！と言っていただけたとき。

好きな言葉

志高く

学生時代に孫正義さんのこれまでの人生についての書籍『志高く』を読み、その器の大きさに感銘を受け、また自分の小ささを知らされました。

常に前向きに、世の中のために役立つ人間になることを目指して日々精進してまいります。

一言

成果につながるセールスプロセスを一緒につくりましょう！

もちろん、Ｂ２Ｂ×無形商材は営業社員がいい人だから成約するというわけではありませんが、それでも他社と迷ったときなどには「担当の●●さんがいい人だったからこの会社にお願いしよう」となることもあり得ます。

ポイントは、プロフィールシートの作成は営業担当者に任せることです。手書きであったり、イラストが掲載されていたり、人それぞれ個性が出てこそ、その人への親近感がわくものです。

可能性を少しでも上げるために、実はプロフィールシートの効果は馬鹿にできないのではないでしょうか。

・ＤＭ（封筒、ハガキ、ブックＤＭ）

手紙やはがきなどのＤＭは古くから営業活動でよく利用されてきました。

テレアポも同様によく利用されてきましたが、電話は受付担当の方が出ることが多く、なかなか意思決定権者や経営者につながらないものです。

でも、手紙やハガキであれば、電話と違って対応する必要がないので意思決定権者や経営者に届く可能性もあります。

実際、私も手紙DMを使用して上場企業の経営者との商談が実現したという話を聞いたことがありますし、X（旧Twitter）のフォローをしている人から手紙をいただいて話を聞いてみたこともあります。

手紙とテレアポを組み合わせるとさらに商談獲得の可能性を上げることも可能になるでしょう。

また、私の企業出版の会社では、本をDMで送るブックDMというサービスが人気となりました。

本を出版した後、過去の失注客を中心としたハウスリスト全員に郵送するのです。

手紙やハガキＤＭであれば、郵送物が届いてＤＭとわかった段階で捨てられてしまう可能性もありますが、本は経営者本人が購入したものかもしれないので勝手に捨てられる可能性は低いという特徴があります。

「この度、本を出版しましたのでお世話になっている方に献本させていただきます」という手紙とともに本を送ることで、その後多数の契約につながったこともあるので、本を出版することがあれば、是非ブックＤＭの活用を検討してみるとよいでしょう。

・メルマガ

メルマガは主としてナーチャリングに利用されることが多い営業ツールです。

ホワイトペーパーをダウンロードしたり、セミナーに参加したり、また展示会で名刺交換をした際にメルマガに登録され、その後様々な情報がメールに届くようになっていることが多いと思います。

メルマガは宣伝色が強いコンテンツばかりだと配信解除されてしまう可能性が高まりますが、単純な情報提供やセミナーの案内であれば好意的に読んでもらえる可能性が高いです。

私自身も、様々なメルマガに登録して（されて）いて、日々情報収集に役立てています。

週に1回などと頻度を決めて取り組むのでもよいですし、提供できる情報ができ次第配信するという形でもよいでしょう。

メルマガで何度も目にしていると、会社名や氏名を覚えてもらえることもあるでしょうし、ザイオンス効果で紹介したように親近感を持ってもらえる可能性も高まります。

ハウスリストの有無は将来的な収益の安定に大きく影響するため、リードを獲得した際にはメルマガ配信ツールに登録しておいて、定期的にメルマガを発信して少しずつ関係を構築できるように努めていきましょう。

課題を探して改善を重ねていこう

ここまでセールスプロセスと営業ツールについて紹介してきましたが、最初からうまくいくことはまずありません。

そのため、何度も見直して改善しながら進めていくことが大切です。

また、現在も既に基本となるセールスプロセスを定めて営業活動を行っている企業がほとんどだと思います。

そして、そのセールスプロセスは長い期間に渡って実施されて、少しずつ自然に効率的になるように改善されていっていることでしょう。

そのため、新たにセールスプロセスを0からつくり始めるという意識ではなく、どこを改善すれば商談数、成約率、成約数、売上が少しでも上がるのかを考えて実行していきましょう。

下記がセールスプロセスにおける代表的な４つの課題です。

①商談数に課題がある場合
②商談する見込み客の質に課題がある場合
③成約率に課題がある場合
④営業社員によるばらつきに課題がある場合

ここでは各課題に対してどのようなアプローチで改善していくべきなのかについて紹介しておきます。

①商談数に課題がある場合

商談数そのものが少ない場合には、長期的視野でプル型の商談獲得施策を考えるか、短期的にも成果が出やすいプッシュ型の商談獲得施策に取り組むかのいずれかになります。

取り組みやすさよりもターゲットとしている会社に届くような施策を考えて実行、検証、改善していく必要があります。

例えば、あなたの会社がテレアポを得意としていても、ターゲットとなる企業のキーパーソンにつながる可能性がほとんどないのであれば労多くして功少なしとなってしまいます。

②商談する見込み客の質に課題がある場合

商談のクオリティーに課題がある場合については、

☑ あえて商談までのハードルを少し上げて見込みの高い商談のみ実施する
☑ 商談が決まってから実施までの間に動画や小冊子などで興味やニーズを引き出す

というずれかを考える必要があります。

あえて商談までのハードルを少し上げて見込みの高い商談のみ実施するためには、例えばセミナー参加者を募って、セミナーに参加した人のみに商談の打診をするという方法もあります。

また、先ほど紹介したブックＬＰを用意して、先にブックＬＰに申し込んでくれた人だけに商談の打診をしていくという方法もあります。

不特定多数に商談を呼びかけるのではなく、商談の条件にナーチャリングの要素を含むプロセスを含めることで、商談する段階で見込み客がある程度の興味を持ってくれている状態になっているという効果を期待することができます。

他にも、商談が決まってから実施までの間に動画や小冊子などで興味やニーズを引き出すという施策もおすすめです。

この場合は、商談獲得までの過程はこれまで通り実施しつつ、商談が決まった後に興味やニーズを引き出すことを狙うことになります。

あなたの会社のサービスでも、あらかじめ伝えておくことで商談がスムーズに進むような内容があるのではないでしょうか。

「こちらに必ず目を通しておいてください」とまで言う必要はありませんが、「目を通しておいていただけると嬉しいです」ぐらいのメッセージとともに動画を送ったり小冊子やプロフィールシートを郵送しておくことで、商談のクオリティーは大きく変わるものです。

商談数自体が確保できていれば問題ないと考える方もいるかもしれませんが、質の悪い商談は成約率の低下にもつながりますし、減らすことができればその分、質の高い商談のための時間、労力の確保にもつながります。

是非、少しでも効率的なセールスプロセスとなるように、施策の実施を検討してみてください。

③成約率に課題がある場合

成約率に課題がある場合についても、先ほど紹介した

- ☑ あえて商談までのハードルを少し上げて見込みの高い商談のみ実施する
- ☑ 商談が決まってから実施までの間に動画や小冊子などで興味やニーズを引き出す

という2つのいずれかをセールスプロセスに含めることが改善につながります。

また、それに加えて、どのような理由で失注につながることが多いのかについての原因を調べて、その対策を考えておくことも大切です。

もちろん、失注理由を本心で答えてくれることは少ないかもしれませんが、相手の表情や発言から失注理由を読み取り、改善策を考えていきましょう。

(例)

価格が高い　↓　価格が高い理由を理解してもらえるコンテンツを用意しておく

時期じゃない　↓　適切な時期をお伺いするか、メルマガでナーチャリングを実施しつつ改めてアプローチする

うちには必要ない　↓　事例などを紹介して、ニーズを引き出せるようなコンテンツ（小冊子や動画など）を用意しておく

また、相見積もりでよく他社を選ばれる場合には、競合他社の分析が必要になります。

すべての失注客を自社に引き入れることは難しいとしても、顧客化できた可能性の高い見込み客について考えてみることは大切です。

逆に言えば、この見込み客は他社に選ばれても仕方がないという場合は失注を覚悟して、その代わりに確実に自社を選んでもらえるようなメッセージを打ち出して伝えることで、成約率を多少でもアップできる可能性があります。

なお、メッセージを伝える際にも営業社員に「これを伝えましょう」というだけでは、なかなかうまくいかないことが多いものです。

属人性をできる限り排除するためには、自社が伝えたいメッセージが伝わるような営業ツールをつくって渡していくなど、工夫して成約率をアップさせていきましょう。

④営業社員によるばらつきに課題がある場合

特定の営業社員が高い売上実績を上げているという組織も少なくないことと思います。

全体で収益が上がっていれば問題ないといえばそうかもしれませんが、離職のリスクも伴いますし、できる限り属人性を排除する試みは必要になります。

属人性を排除するためには、

・営業マニュアルやトークスクリプトをつくって、営業社員のスキルの均一化を図る

・売上実績の高い営業社員の行動記録などを分析して共有する

といった工夫があります。

営業社員によるばらつきを減らして組織全体で安定して収益を上げられるようになれば、再現性があり、経営の安定化へとつながっていきます。組織づくりや社員教育などについては本書よりも詳しい書籍が多数発刊されているので、是非そちらを参考にしていただければと思いますが、組織が大きくなればなるほど、全体の底上げに取り組みたいものです。

以上のように、セールスプロセスはベースのものを用意しつつ、あとは部分的に改善を図りながら完成を目指していくことになります。

現状うまくいっていないとしても、顧客がいる以上は参考になるデータがあるはずです。

どのセールスプロセスを改善すれば商談数や成約率がアップできるでしょうか。

まずは小さな改善から取り組みはじめ、それを繰り返すことで必ず大きな成果につながっていきます。
是非本書を参考にしながら取り組んでみてください。

CHAPTER 第4章

ケーススタディ

第4章ではケーススタディを紹介していきます。

社名などについては仮名ですが、セールスプロセスづくりのイメージを持っていただければと思います。

あなたの会社に取り入れられそうな工夫はないか、考えながら読み進めていきましょう。

ウェブマーケティング会社がX（旧Twitter）運用代行サービスに取り組みたい顧客を開拓する場合のセールスプロセス

――会社概要と現状について――

・会社名：サンライジングマーケティング株式会社（仮）

・業種：ウェブマーケティング全般

・**事業内容：**
ウェブ広告の運用代行事業ではSNS広告やリスティング広告の運用を代行して広告費の20％を運用代行手数料として徴収するビジネスモデル。

また、SNSの運用代行事業では経営者や企業担当者へのヒアリングを月に2～3回程度実施して、コンテンツをつくって発信を代行したり、商品のプレゼントキャンペーンなどの企画を立案して実行支援をしていく。

・業界の特徴：

ウェブマーケティングはテクノロジーの進化が非常に激しい業界であり、日々新しいマーケティングツールやプラットフォームが登場してきているという特徴がある。

そのため日々情報をキャッチアップしながらクライアントに提案していく必要がある。

また、広告運用代行事業については、どこも費用感やサービスに大差がないこともあり、それこそいかにリーズナブルに顧客を獲得できるかというマーケティング能力が業績に影響を与えやすい。

一方で、SNS運用代行などは、会社のノウハウの多寡やコンテンツ制作力によって差が出やすいこともあり、付加価値を高めやすい。

・新規開拓したい顧客：

中小企業、ベンチャー企業の経営者

採用や新規開拓の営業に力を入れている企業が理想

・これまでのセールスプロセス：

不特定多数のリストに対してのフォーム営業でDMを送って商談を獲得↓

商談×5〜10回

・営業活動における解決したい課題：

サンライジングマーケティング株式会社では今後、付加価値の高いSNS

運用代行事業に力を入れていきたいと考えている。

これまで、ウェブ広告に取り組んできたクライアントにクロスセルとして提案することに加えて、新しくＳＮＳ運用に取り組む顧客を開拓していきたい。

ただ、Ｘ（旧Twitter）は、経営者自身が発信する必要があることもあり、新しく提案しようとしてもウェブ上で顔出しをしたくない経営者も多く、そもそもＳＮＳマーケティングに興味を持ってもらうことが難しいという課題がある。

ＳＮＳはフォロワーが増えてブランディングを確立することができれば、その後は中長期に渡って費用を抑えた上で新規顧客開拓や採用に効果を発揮することを伝えていきたい。

それでは、サンライジングマーケティング株式会社がセールスプロセスをどのように改善すれば、ＳＮＳ運用代行事業に興味を持ったクライアントとの商談、成約につなげていくことができるかについて考えていきましょう。

・セールスプロセスの改善案：

これまで実施してきたセールスプロセスでは、プッシュ型のセールスプロセスであるフォーム営業からスタートしています。

フォーム営業は不特定多数の人にメッセージを送ることができるというメリットがありますが、一方でピンポイントで狙った人には届きにくく、ＳＮ

Sをはじめとした情報発信に全く興味がない人へのアプローチが増えてしまっていて、必ずしも効率がよいとは言えないような状況となっていました。

そもそも、SNS運用代行事業に興味を持ってくれる人はどこかしらで情報発信をしていることが多いので、既存のセールスプロセスを踏襲するのであれば、既にSNSやYouTubeなどで情報発信をしているリストや採用活動を実施している企業リストを用意して、ある程度パーソナライズしたDMを送ることで、商談のクオリティーや効率がアップするはずです。

また、それに加えて自社でX（旧Twitter）に取り組み、X（旧Twitter）上からDMのアプローチを実施するといったセールスプロセスも検討するとよいでしょう。

下記が新しく考えたセールスプロセスの例です。

〈新しく考えたセールスプロセス〉

X（旧Twitter）に自社で取り組む→X（旧Twitter）上でDMを送る→事例集と手紙を郵送→商談獲得→商談前にインタビュー動画を送る→商談×5～10回

このセールスプロセスのポイントは、オンライン施策だけではなく、オフライン施策も組み合わせているところです。

X（旧Twitter）で情報発信をしている人はご存じかもしれませんが、運営していると日々様々なDMを受け取ることになります。

採用支援についてやマーケティング施策について、また社内研修についてなど多岐にわたりますが、実はそこから良質な商談に結び付くことはほとんどないのではないかと考えています。

普段からXのポストを見ていて知っている人からの連絡であれば興味を持って見るかもしれませんが、それ以外のDMは内容やどんな人なのかも覚えていないことがほとんどで、一度DMを送ってもらったとしても記憶に残ることはほとんどありません。

そこで、オフライン施策を組み合わせるという仮定をセールスプロセスに入れることを検討するのです。

そこまで立派なものではなく、簡単に郵送できる程度の事例集や手紙（XからもDMを送らせていただいた旨を伝える）を送ることで、オンライン×オフラインでのアプローチが実現しますし、そもそもX（旧Twitter）で情報発信をしている人にアプローチするので、興味を持ってもらえる可能性は不特定多数の人にアプローチする場合に比べて大きく上がります。

さらに、商談が実現した際には、ウェブ会議のＵＲＬを送るときに、事例集に記載されている事例の主要人物との対談動画かインタビュー動画を送って観ておいてもらうのもよいでしょう。

オンラインとオフラインの両方から情報を得た上で商談を実施できることになれば、かなり見込み度の高い商談を実現することができるはずです。

Ｍ＆Ａ仲介会社が売却を検討し得る企業を開拓する場合のセールスプロセス

――会社概要と現状について――

・会社名：Ｍ＆Ａパートナーコンサルティング株式会社（仮）

・業種：Ｍ＆Ａ仲介

・**事業内容：**
会社の売却を検討している企業をクライアントとして、最適な買い手を見つけるためのリサーチやデューデリジェンス（売却する企業の価値やリスクの調査）を実施。

アドバイザリーサービスで企業価値の最大化を支援する。

その後はＭ＆Ａの交渉をサポートして、買い手と売り手の双方の満足度が高い取引の成立に貢献していく。

・業界の特徴：

昨今、中小企業を中心に後継者不足が深刻な問題となっていて、Ｍ＆Ａを通じて企業の存続を図るケースが増えてきている。

同時に、それをサポートするＭ＆Ａ仲介業者も増えているが、悪徳業者も出てくるなど玉石混交の状態となってしまっている。


売り手側にとってＭ＆Ａは人生で１回きりのイベントであることが多いが、買い手側は継続的にＭ＆Ａを実施していることが多く、結果として売り手側と買い手側に情報格差がある中での取引となって売り手側が不利になることも珍しくない。

買い手側から買収したい企業についての相談を受けた後、売却可能性のある企業をリストアップして提案することもあれば、売却したい企業を顧客として獲得後、買い手の企業を探していくこともある。

・新規開拓したい顧客：
今後、売却を検討している企業

・これまでのセールスプロセス：
手紙ＤＭ↓テレアポ↓商談×7～20回↓成約へ

・営業活動における解決したい課題：

あらかじめ会社の売却を検討している企業の場合、大手企業やＣＭなどで知名度が高いＭ＆Ａ仲介会社に既に問い合わせや相談をしているケースが多い。

そのため、Ｍ＆Ａパートナーコンサルティング株式会社では、主に今後検討する予定がある企業をプッシュ型のセールスプロセスで商談を重ねながら、少しずつ興味を引き出していって成約へとつなげていきたいと考えている。

これまでは、初回アプローチから成約につながるまでに時間がかかること、そして多くの商談回数がかかることが課題となっていた。

また、Ｍ＆Ａパートナーコンサルティング株式会社という社名なので、アプローチをした段階で会社の売却の提案の話ということを想起されてしまい、話をする前に門前払いとなってしまうことが多い。

ただ、実際は完全な身売りという話だけではなく、大手企業に買収されることによってグループ会社となるような売却方法もある。

会社の売却と聞くと経営から逃げ出すようなイメージがあり、ネガティブな印象を持つ経営者も少なくないが、実は大手資本の傘下入りが実現することで経営が安定する上、福利厚生の充実や給与アップとなることもあるというメリットについても商談前に理解してもらいたい。

それではM&Aパートナーコンサルティング株式会社のセールスプロセスの改善案を見ていきましょう。

・セールスプロセスの改善案：

これまで、商談が実現しても最初のアプローチから成約までのスパンの長さが課題となっていましたが、これはクライアントに会社を売却するメリットが伝わっていない上、周りに必ずしも会社の売却を経験した人が多くいるわけではないのでイメージができていないことなどが原因と考えられます。

そのため、商談を実施する中でメリットを感じてもらったり、売却のイメージを持ってもらう必要があり、結果として商談を重ねて時間がかかってしまっていたと想定できます。

改善したセールスプロセスでは、企業売却のメリットや様々な売却パターンの事例を本にまとめ、その本を配布するというプロセスを加えることにしました。

〈改善したプッシュ型のセールスプロセス〉

手紙ＤＭ

↓テレアポ実施

↓テレアポで商談ＯＫの場合…本を郵送して商談へ

↓テレアポで商談ＮＧの場合…すぐに本の郵送の提案↓ＯＫの場合は本を郵送↓その後再度テレアポして商談へ

本は商談の許諾をいただいた場合にあらかじめ郵送しておくことで、興味を喚起したり、どのようなメリットがあるのかを理解しておいてもらうために使います。

様々な企業売却の事例を掲載することによって、もともとは興味がなかった人にも少し話を聞いてみようかなと思ってもらえるような出版企画が理想的です。

また、テレアポで商談を依頼してNGとなった場合にはそこで終わりとするのではなく、本の郵送許可をいただく提案をして、郵送後しばらく経ってから再度テレアポを実施するというセールスプロセスも併せて採用することにしました。

これによって

・あらかじめ本を郵送することによって初回商談のクオリティを上げる
・最初商談NGでも、本を読んでもらってニーズが喚起できれば再度商談のチャンスが生まれる

といった2つの改善効果を期待することができます。

また、これまで手紙ＤＭというプッシュ型のセールスプロセスを採用してきたＭ＆Ａパートナーコンサルティング株式会社ですが、プッシュ型のセールスプロセスの場合は会社の売却の提案を想像されるため、なかなか商談にたどり着けないという課題もありました。

そこで、今回はプッシュ型のセールスプロセスに加えて、興味を引き出しながら商談につなげていくという本を活用したプル型のセールスプロセスも併せて導入を検討していきます。

〈本を活用したプル型のセールスプロセス〉

ブックＬＰをＳＮＳ広告で運用

↓申込者にテレアポ

↓商談×複数回
↓成約へ

ブックLPはP164で解説したように、本を低価格あるいは無料で提供するキャンペーンのランディングページのことを指します。
ブックLPに申し込んでくれるということは、そもそも会社の売却について何らかの興味がある可能性が高い見込み客のリードを獲得することができますし、郵送した後、本を読み終えたタイミング（2週間後くらい）にテレアポを実施すれば、一度話を聞いてみようかなと思ってもらえる可能性も高まるでしょう。

会社売却のニーズが顕在化している人は、上場企業やCMなどの露出があって認知度が高いM&A仲介業者に問い合わせをしている可能性が高いので、あえてニーズが顕在化していない幅広い層にアプローチできる方法として、検索連動型広告ではなくＳＮＳ広告を採用することにしました。

なお、今回のケーススタディにおいて、特にプッシュ型のセールスプロセスは本という営業ツールの要素を組み入れただけのシンプルな変更となっています。

最初から大幅な改革を実行するのではなく、まずは既存のセールスプロセスにひと工夫を入れるところからスタートすることで、現場が混乱することなくスムーズに改善を進めていくことができますし、従来の方法で、ある程度顧客を獲得できている場合には実はノウハウが蓄積されていて洗練されているケースが多いものです。

全く新しい方法を試したくなる気持ちもわかりますが、できる限りは今まで取り組んできた方法を踏襲したセールスプロセスを少しずつ改善しながら完成を目指していくことをおすすめします。

補助金・助成金申請支援の会社が新規顧客を開拓する場合のセールスプロセス

――会社概要と現状について――

・会社名：太平洋パートナーズ株式会社（仮）

・業種：補助金・助成金申請支援

・**事業内容：**
面倒で複雑な補助金や助成金の申請を代行するサービスを展開。
着手金をいただいたり、補助金や助成金を獲得した段階で成果報酬の費用をいただくビジネスモデル。

・業界の特徴：

コロナ禍の影響も相まって、多くの国や地域が経済の活性化や特定分野の支援を目的とした支援策として補助金や助成金の提供を実施している。

ただ、あまりにもたくさんの助成金や補助金が提供されているため、どのようなものが該当するのか、相性がよいのかについて調べることは多少困難が伴う。

加えて、申請には期間があり、手続きは細かな要件を満たし、また、沢山の必要書類を準備する必要があって複雑である。

上記のような煩雑さや手間を解消するために様々な事業者が参入していて、今後も新規参入者が増えて価格やサービスの質を競う状況が予想されている。

・新規開拓したい顧客：

補助金や助成金の申請を検討しているがノウハウがなく、代行してくれるサービスを探している企業

これまで補助金や助成金の申請をしたことがなく、補助金や助成金の対象となることを知らない企業

・これまでのセールスプロセス：

ランディングページ（※）をリスティング広告（検索連動型広告）で運用

↓ランディングページから申し込みをしてくれた企業に商談依頼のテレアポを実施

↓商談の実施×3～5回

↓成約

※ランディングページでは、必要情報を入力すれば、無料で申請できる可能性がある助成金を紹介してもらえるというサービスをコンバージョンにして運用

・営業活動における解決したい課題：

リスティング広告は代表的なプル型施策の一つで、今まさに検索をして仕事を依頼する企業やサービスを探していることも多いため、成約に近い商談を獲得することが可能。

ただ、競争が激化してクリック単価が上昇しているため、低価格で良質な商談が実現できなくなっている。

また、リスティング広告経由で商談に至っても、相見積もりなど他社との比較段階で負けることが増えてきている。

これまではリスティング広告で運用していたこともあり、補助金や助成金

を調べている顕在顧客を対象としてきたが、これからは潜在顧客も対象にしていきたいと考えている。

それでは、太平洋パートナーズ株式会社がセールスプロセスをどのように改善すればより多くの顧客を獲得できるのかについて、改善案を見ていきましょう。

・セールスプロセスの改善案：

①これまで実施してきたセールスプロセスの改善施策

まずは、これまで実施してきたセールスプロセスを改善することを考えてみます。

これまでメインとして利用してきたセールスプロセスであり、実際に顧客を獲得してきたことを考えると、大きく変更するよりは多少の改善や工夫を入れることで成果に差が出てくることが予想できます。

特に、せっかく商談を実施しているにもかかわらず同業他社に負けてしまうという点を改善することをまず優先して考えるとよいでしょう。

最初に商談数を増加させる施策を考えたくなるかもしれませんが、高い成約率の状態を先に目指すことで、バケツの穴をふさぐ効果を期待できます。

バケツの穴がふさがっている、つまり成約率が高い状態になれば、あとは商談数を増やすだけという状態になり、一気にアクセルを踏むことができます。しかし逆の順に改善を進めると、最初のうちは商談ばかり増えてなかなか成果が上がらないというジレンマに陥ってしまいかねません。

今回は、小冊子の配布をセールスプロセスに加えることによって自社の強みを明確に打ち出して、他社とのコンペになった際に選ばれやすくなることを目指した改善案を考えました。

〈既存のものを改善したセールスプロセス〉

ランディングページをリスティング広告（検索連動型広告）で運用
↓申し込んでくれた企業担当者にテレアポを実施し、小冊子を郵送してもいいかの確認と商談の依頼
↓小冊子郵送
↓商談の実施×3～5回
↓成約

ランディングページで見込み客を獲得してその後商談につなげていくとい

うプロセスについては同様ですが、商談前に小冊子を送るというプロセスを加えました。

小冊子に掲載するコンテンツですが、例えばものづくり系の補助金に力を入れている場合には、製造業の設備投資などに特化して、これまで申請した成功事例を小冊子にまとめることを検討するとよいでしょう。

製造業の見込み客との商談が実現した場合、あらかじめ小冊子を郵送して補助金申請のイメージを深めてもらうことによって、他社の提案に比べて一歩抜けた状態を狙うのです。

他社が低価格や成功報酬型の料金設定などを武器に商談を実施したとしても、ノウハウがあって成功率が高いというイメージを持ってもらうことができれば、選んでもらえる可能性は高まります。

もし、今回の小冊子の郵送を加えたセールスプロセスによって成約率アップを実現できた場合には、他の業界の成功事例をまとめた小冊子も増やしていき、順次活用していくことを検討するのもよいでしょう。

②潜在顧客を開拓する施策

次に、新しいセールスプロセス施策を見ていきましょう。

新しいセールスプロセスでは、これまでに補助金や助成金の申請を検討したことがない、潜在顧客を開拓するプッシュ型のセールスプロセスを考えていきます。

実は、補助金や助成金の活用を狙っている企業は既に自社内で実施する体制を整えていたり、特定の補助金や助成金の申請を支援する企業と既に契約を結んでいて、活用できそうなものがあれば、提案やサポートをもらいながら申請しているケースが多いです。

また、ニーズが顕在化していて自社と相性がよい企業については①の施策での顧客化を目指しているので、今回はもう一つの施策として潜在ニーズの見込み客を開拓する施策を考えていきます。

ニーズがまだない企業を前提とするため、ニーズを引き出すナーチャリングが必要にはなりますが、ニーズが顕在化している見込み客に比べて競合他社が少ないこともあって、実現できれば大きな成長のきっかけになる可能性があります。

考えたセールスプロセスは以下の通りです。

〈新規で考えたセールスプロセス〉

フォーム営業を実施して、受け取れる補助金や助成金がありそうなのかについての診断を提案

↓返答してくれた企業に対して小冊子郵送

↓商談の実施×3～5回

↓成約

そもそも、補助金や助成金の申請が役立つ可能性のある企業は非常に多いです。

そのため最初はあえてターゲットを絞らず、幅広くアプローチするセールスプロセスを考えました。

この場合、1件のアプローチにかけるコストはできる限り抑えた方がいいので、フォーム営業を採用しています。

幅広いターゲットにアプローチをするのはマーケティングの王道からは少し離れているかもしれませんが、サービスの性質上お役に立てる企業が多いので幅広くアプローチをして、少し興味を持ってもらえた段階ぐらいの人に対してより深くナーチャリングを実施していきます。

最初にテレアポを実施する企業も多いですが、これまで実施したことがない企業が始めるには、少し難易度が高く、外注するとなると１件のアプローチにかけるコストが高くなってしまうという点を考慮しています。

商談獲得後は①のときと同様、小冊子で興味を喚起しながら商談を実施していきます。

今回は、①と②の両方のセールスプロセスで小冊子の活用を前提としていますが、ここは動画に置き換えたり、組み合わせるのも有効です。

既存のセールスプロセスの改善施策と新しいターゲットを想定した新しいセールスプロセスを組み合わせていくことで、成長に弾みをつけることができます。

ポイントは、あまりにも複雑なセールスプロセスにせず、運用の負担を減らすことです。

是非参考にしてみてください。

CHAPTER 第5章

セールスプロセス
構築プロジェクト

最終章となる第5章では、これからセールスプロセスを見直して改善施策を考えたり、また新しいセールスプロセスを検討する人のために、失敗しないための注意点などをまとめて紹介していきます。

これまでに紹介してきたことと重複する内容もありますが、おさらいの意味も込めて確認していきましょう。

B2B×無形商材のセールスプロセスの基本は3原則

本書はB2B×無形商材においてのセールスプロセスに特化して解説してきましたが、それはB2B×無形商材の営業活動が有形商材の営業に比べると難易度が高いためです。

そして、B2B×無形商材の営業活動では、クライアントに課題はあってもサービスに対してのニーズが顕在化していないことが多い点も大きな特徴です。

だからこそ、営業活動を通してニーズを引き出して「うちのサービスなら貴社の課題がこのように解決できるんですよ」ということを伝えていく必要があるのです。

これまでのおさらいにはなりますが、ニーズを引き出してサービス導入後をイメージしてもらうためにはどのようなアプローチをしていく必要があるのか、その原則を見ていきましょう。

①十分な情報量

まず大切なことは、十分な情報量を伝えた上でクロージングに進んでいくというプロセスです。

クロージングを焦ってはいけません。

意思決定に必要な情報が揃っていない段階では、決断しきれず断ってしまう可能性が高いためです。

商談だけで情報を伝えきるのはなかなか難易度が高いこともあり、本書では本や動画などを使って効率的に情報を伝える方法を紹介してきました。

②情報の伝え方

昨今はオンラインでの施策がほとんどで、資料についてもＰＤＦを送ることが多いのではないでしょうか。

もちろん、ＰＤＦは即時性が高く、求められた段階ですぐに送ることができるといったメリットもあります。

でも、オンライン施策だけではなく、オフライン施策も充実させることを本書では紹介してきました。

他社と同じ内容を伝えていると差別化はできないものですが、オフラインだからこそ伝わりやすいことも少なくありません。

現在、オンライン施策だけに取り組んでいるという場合であれば、オフラインで取り組める施策がないかについても検討してみるとよいでしょう。

その場合、オフライン施策と伝えるメッセージを統一すれば、一貫したイメージを持ってもらった上でのアプローチが可能になります。

③接触頻度

見込み客との接触が常に商談ばかりになっていないでしょうか。
もちろん、商談は必要ですしそこに力を入れていくことは大切です。

効果的な営業の順序でいえば
対面での商談＞ウェブ商談＞電話＞メール
といった順番でしょうか。

でも、商談以外の接触を増やすことで、より親近感を感じていただきやすくなりますし、セールスプロセスを効率化することができます。
本書で紹介したのは動画をメールで送ったり、事例集や小冊子を郵送するといった過程ですが、それ以外にも、ちょっとした確認であれば電話を使うなど、商談以外の接触頻度を上げられるような工夫については是非考えて取り組んでいくとよいでしょう。

以上、Ｂ２Ｂ×無形商材のセールスプロセスの基本原則として３つを紹介しました。

年間３００件の商談をこなしていた場合、成約率が１％上昇すれば、成約数が３件増えることになります。

これに客単価をかければ、売上に与えるインパクトがわかるはずです。

ここで紹介した３原則を少し意識するだけでも、売上が変わるのがセールスプロセスの面白さです。

是非、改善できるところがないか考えてみてください。

単価アップを常に考える

セールスプロセスの3原則を紹介しましたが、十分な情報を伝えることができれば商材単価を上げられる可能性があるかもしれません。

実際、私の企業出版の会社でも本を出版してブランディングを実現しつつセールスプロセスを改善することで、松竹梅の3つのサービスのプランの中で最も充実していて高額な松のプランがよく選ばれるようになりました。

単価をアップすれば単純に売上がアップすることにもなりますし、数よりも質にこだわったサービス提供につながります。

例えば、売上が1000万円のときに単価100万円のクライアントが10件の場合と、単価500万円のクライアントが2件の場合を考えてみてください。

同じ売上金額ではありますが、２件のクライアントよりも10件のクライアントにサービスを提供した方が、時間的にも労力的にも負荷がかかることがイメージできるはずです。

単価アップの実現は、サービスのクオリティと従業員満足度の向上に直結すると考えています。

最初から単価を上げすぎて売ることが難しいサービスになってしまっては意味がありませんが、セールスプロセスの効率化によって、受注数が増えた際には是非単価アップについても検討していくことをおすすめします。

外注も大切だが費用をかけすぎないように注意

本書ではあまり深く触れてきていませんが、外注について考えることも大切です。

特にB2B×無形商材の場合、できる限り営業活動ではなくサービス提供に力を入れていく必要があります。

最も大切であるサービス提供にのみ注力できる状態を目指すために、他の過程については外注することを検討している経営者も少なくないでしょう。

でも、費用対効果についてはよく検討する必要があります。

本書でも紹介しましたが、私の企業出版の会社でもセールスプロセスのすべての過程を外注しようとしてうまくいかなかったことがあります。

これは、最終的な意思決定の段階になると、その見込み客と似ている事例や参考になる事例をすぐに紹介できることが成約につながりやすい点などが要因と考えています。

一方で、テレアポや郵送ＤＭについては、外注を検討するのもよいでしょう。誰がやっても成果に大きな差が出ない過程については、できる限り外注して、自社社員は商談やサービス提供に集中してもらうという考え方です。

外注した方が結果として費用が安く済む場合もありますし、肝要な業務に集中してもらうことがサービスのクオリティ向上につながり、結果として顧客満足度の向上やリピート利用が増えるといった効果につながるかもしれません。

でも、注意点がないわけではありません。

それは、外注する過程が増えれば増えるほど、費用負担は増加し、全体を把握しづらくなるという点です。

例えば、私の企業出版の会社でもテレアポ代行会社に仕事を依頼していたことがありました。

テレアポ代行会社は1コール300円といったように固定料金制で仕事を依頼していたのですが、いつの間にか費用負担が大きくなってしまっていたことがありました。

これは、仕事を外注した際、最初は反応率が高いリストから電話をかけてもらうケースが多いことが関係しています。

商談獲得率は1~2%程度と言われており、最初は商談単価を考えても問題がなく、満足のいく結果が出ていました。

でも、これでうまくいくと思っていても1か月後、2か月後になると数字は少しずつ変化していきます。

商談獲得率は徐々に低下していってしまうのが普通で、３か月後ぐらいには他のアプローチ方法に比べて商談獲得単価が高い状態になってしまいました。


もちろん、商談獲得単価が高かったとしても、商談のクオリティーが高く、成約率も高ければ問題ありません。

そのため商談単価だけで判断せず、トータル費用を俯瞰して確認する必要はあります。

ただ、セールスプロセスの過程を外注する場合には、最初はうまくいっていてもいつの間にか単価が上がってしまっているといったケースは割とよく起こるので、注意しておく必要があります。

あとがき
〜セールスプロセスは大切だけど、最後は社員の力〜

いかがでしたでしょうか？

本書はＢ２Ｂ×無形商材のセールスプロセスを効率的にして、営業社員の負荷を減らしてサービス提供に集中できる状態を目指して書いたものです。

私自身の社会人としてのキャリアが証券会社からスタートしていることもあり、その後Ｂ２Ｂ×無形商材の営業に力を入れ始めたときには相当な苦労をしました。

商談が実現してもなかなか成約に至らず、次へ次へと商談が進んでいるよ

うな気もすれば、意思決定権者が突如出てきてまた振り出しに戻るといった
こともよくありました。
そのときは効率を考えるよりも、とにかく数多くの商談を実施して前に進
むことを考えていたような気がします。

B2B×無形商材のサービスの意思決定にはそれなりの情報が必要という
ことがわかってからは、セールスプロセスが効率的になりました。
複数の本を出版してセミナー動画をつくり、とにかく頻度と情報量を意識
した上で商談に取り組むことで、成約率は上がり、商談回数も少なくなり、
成約までの期間が短くなりました。
また、効率的なセールスプロセスを実現できれば、『売れる仕組み』として
営業に再現性が生まれて社員の増加と売上の増加が比例する状態になり（採
用自体は結構大変なのですがそれはまた別の話です…）、単価もアップさせる

ことができました。

証券会社を辞めて個人事業主としてスタートしてから10年が経ちましたが、特にここ3～4年は自社だけでなくB2B×無形商材を扱うクライアントの支援に力を入れてまいりました。

面白いのは、企業のリソースや提供しているサービスに応じて少しずつセールスプロセスが異なる点です。

もし異ならないのであれば、〝このセールスプロセスを踏襲すればOK！〟というものを紹介するだけで事足りますし、本書を用意する必要はありません。

でも、実際それは難しく、どんな企業でも得意な分野を活かして改善を重ねながら、その企業独自のセールスプロセスをつくり上げていく必要があるのです。

とはいえ、企業出版サービスの営業においても、また他のB2B×無形商材の支援においても実は本質は大きく変わりません。

だからこそ、本書を利用して是非貴社オリジナルのセールスプロセスをつくりながら、改善を重ねていっていただければ幸いです。

そして、最後に一つだけ強調しておきたいことがあります。

それは、実行することの大切さです。

今までのセールスプロセスを再度見直して、どこがボトルネックとなっているのかを見直さなければなりませんし、場合によっては多少の苦労を伴いますが営業ツールをつくり直す必要もあるかもしれません。

そして、さらに大切なことは、そのセールスプロセスを実行に移してさらに改善を続けることです。

効果的なセールスプロセス構築と営業ツールをつくることはもちろんですが、それに頼りきって自動的に『売れる仕組み』ができるかというと不可能です。

実際に実行する人がいて、改善を重ねつつ、行動していくからこそ『売れる仕組み』となるのです。

最後に厳しいことを申し上げましたが、『売れる仕組み』ができて営業活動が楽しくなれば、きっと事業はぐんぐんと成長していくことになるはずです。

簡単な道ではありませんが、挑戦しがいのある道だと思います。

もし、その過程で困ったことや課題が見つかった際には是非お気軽に相談いただけましたら幸いです。

この度は本書を最後までお読みいただきまして、誠にありがとうございました。

【著者プロフィール】

梶田 洋平（かじた ようへい）

1985年3月27日生まれ。愛知県名古屋市出身。

新卒でみずほインベスターズ証券株式会社（現みずほ証券）に入社。個人・法人営業に従事し、社長賞を獲得。

退社後、企業専門の出版社を起業して代表取締役に就任。

本をはじめとした出版物でB2B×無形商材を扱う企業の売上アップを支援する、コンサルティング型出版サービスで組織を拡大。

その後、培ってきた営業ノウハウと効果的な営業ツール制作の実績を活かして、「売れる仕組み」の構築を支援するセールスプロセス株式会社を創業。


～『売れる仕組み』のつくりかた～

ケーススタディで学ぶB2B×無形商材の最強セールスプロセス

ISBN：978-4-434-35578-3
2025年4月25日　初版発行

著　者：梶田洋平

発行所：ラーニングス株式会社
〒150-0036　東京都渋谷区南平台町2-13
南平台大崎ビル3階
発行者：梶田洋平

発売元：星雲社（共同出版社・流通責任出版社）
〒112-0005　東京都文京区水道1-3-30
Tell (03)3868-3275